Billar 3 Bandas: Patrones de mesa interesantes

Desde torneos profesionales de campeonato

Ponte a prueba contra jugadores profesionales

Allan P. Sand
PBIA Instructor Certificado de Billar

ISBN 978-1-62505-344-2
PRINT 7x10

ISBN 978-1-62505-508-8
PRINT 8.5x11

First edition

Published by Billiard Gods Productions.
Santa Clara, CA 95051
U.S.A.

For the latest information about books and videos, go to: http://www.billiardgods.com

Acknowledgements
Wei Chao created the software that was used to create these graphics.

Tabla de contenido

Other books by the author ...

> 3 Cushion Billiards Championship Shots (a series)
>
> Carom Billiards: Some Riddles & Puzzles
>
> Carom Billiards: MORE Riddles & Puzzles
>
> Why Pool Hustlers Win
>
> Table Map Library
>
> Safety Toolbox
>
> Cue Ball Control Cheat Sheets
>
> Advanced Cue Ball Control Self-Testing Program
>
> Drills & Exercises for Pool & Pocket Billiards
>
> The Art of War versus The Art of Pool
>
> The Psychology of Losing – Tricks, Traps & Sharks
>
> The Art of Team Coaching
>
> The Art of Personal Competition
>
> The Art of Politics & Campaigning
>
> The Art of Marketing & Promotion
>
> Kitchen God's Guide for Single Guys

Introducción

Este es uno de una serie de libros de Carom Billiards que muestran cómo los jugadores profesionales toman decisiones, según el diseño de la mesa. Todos estos diseños son de competiciones internacionales.

Estos diseños te colocan dentro de la cabeza del jugador, comenzando con las posiciones de las bolas (que se muestran en la primera tabla). El segundo diseño de la mesa muestra lo que el jugador decidió hacer.

Acerca de los diseños de tablas

Estas son las tres bolas sobre la mesa:

(A) (CB) (tu bola de billar)

(OB) (bola de billar oponente)

(OB) (bola de billar roja)

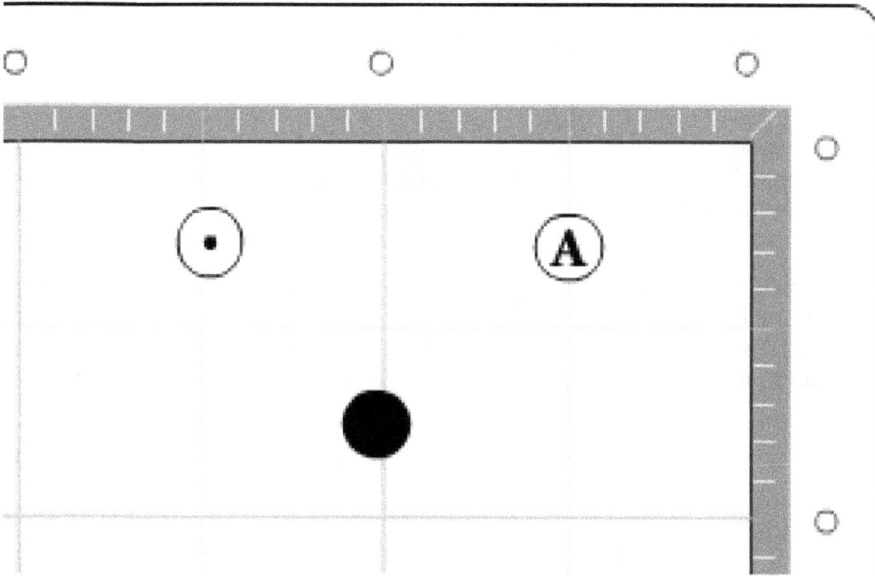

Cada configuración tiene dos diseños de tabla. La primera tabla es la posición de las bolas. La segunda tabla es cómo se mueven las bolas sobre la mesa.

Instrucciones de configuración de la mesa

Use anillos de papel para marcar las posiciones de las bolas (compre en cualquier tienda de suministros de oficina).

Coloque una moneda en cada bando de la mesa que tocará (CB).

Compare su ruta (CB) con la configuración de la segunda tabla. Para aprender, es posible que necesite varios intentos. Después de cada falla, realice el ajuste y vuelva a intentarlo hasta que tenga éxito.

Propósito de los diseños

Estos diseños se proporcionan para dos propósitos.

- Su análisis: en casa, puede considerar cómo jugar la configuración en la primera tabla. Compara tus ideas con el patrón real en la segunda tabla. Piense en su solución y considere las opciones. Desde la segunda tabla, también puedes analizar cómo seguir el patrón. Mentalmente juega el tiro y decide cómo puedes tener éxito.

- Practique la configuración de la mesa: coloque las bolas en posición, de acuerdo con la primera configuración de la mesa. Intenta disparar de la misma manera que el segundo patrón de mesa. Es posible que necesites muchos intentos antes de encontrar la forma correcta de jugar. Así es como puedes aprender y jugar estas tomas durante competiciones y torneos.

La combinación de análisis mental y práctica práctica te hará un jugador más inteligente.

A: Bando primero

Estas son configuraciones interesantes. El (CB) primero entra en un bando y luego completa la puntuación con una circunstancia inusual.

Ⓐ (CB) (su bola de billar) - ⊙ (OB) (bola de billar oponente) - ⬤ (OB) (bola de billar roja)

A: Grupo 1

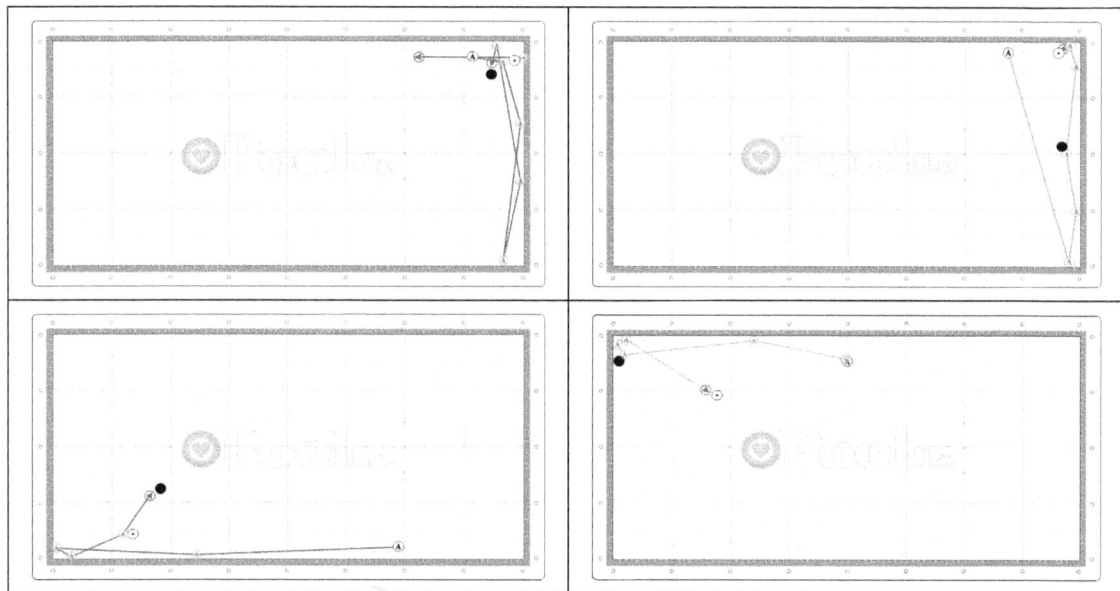

Análisis:

A:1a. _____

A:1b. _____

A:1c. _____

A:1d. _____

A:1a – Preparar

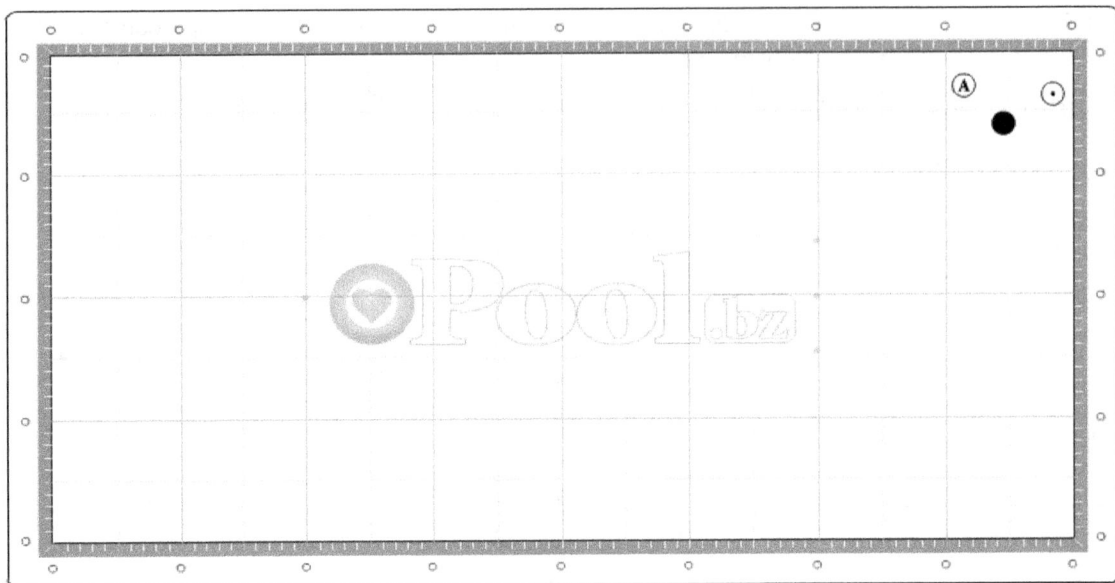

Notas e ideas:

Patrón de disparo

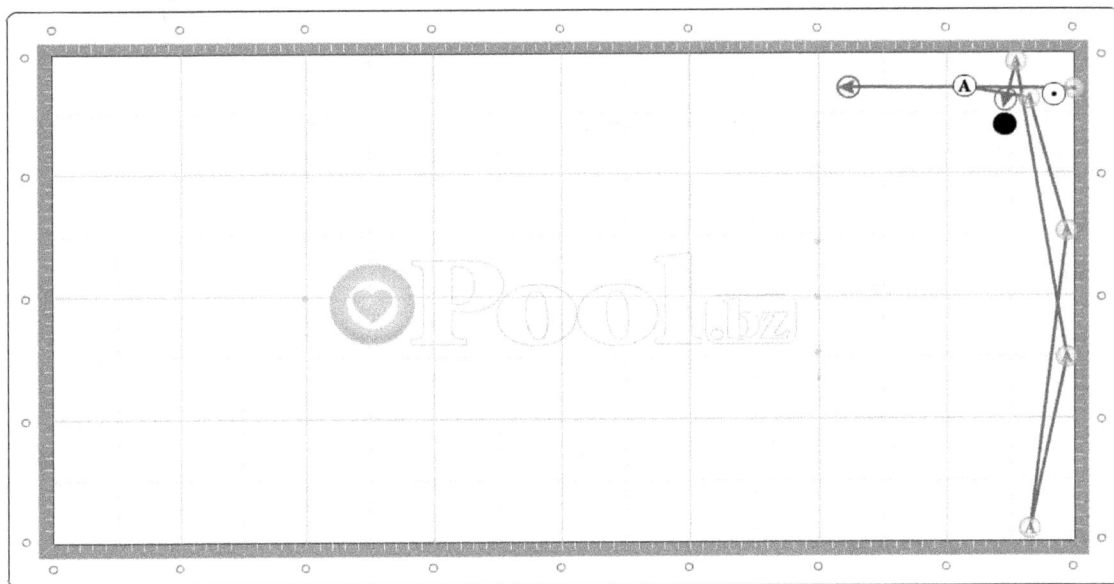

A:1b – Preparar

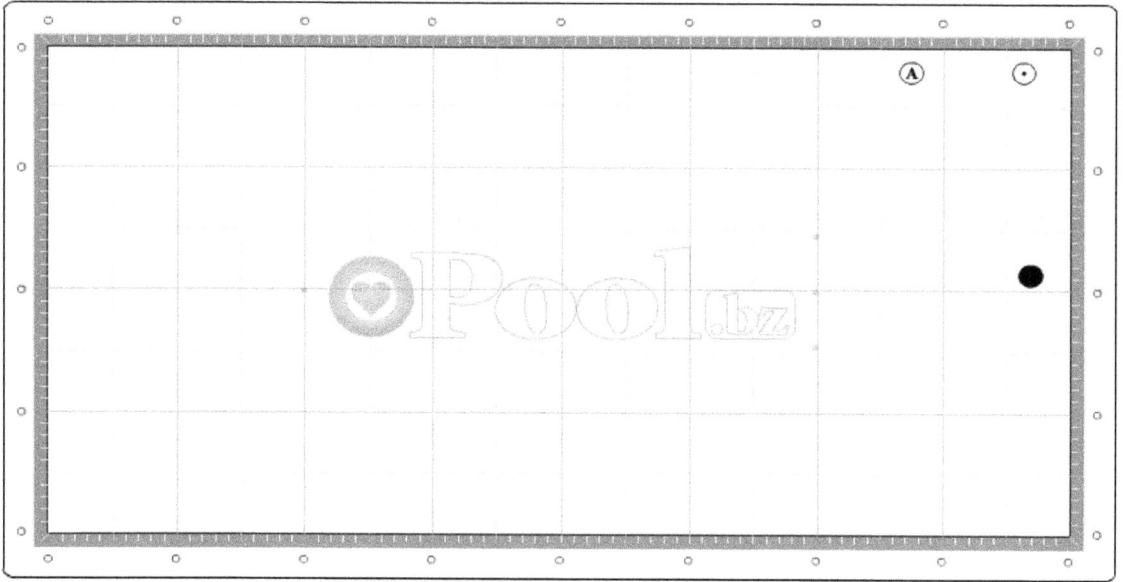

Notas e ideas:

Patrón de disparo

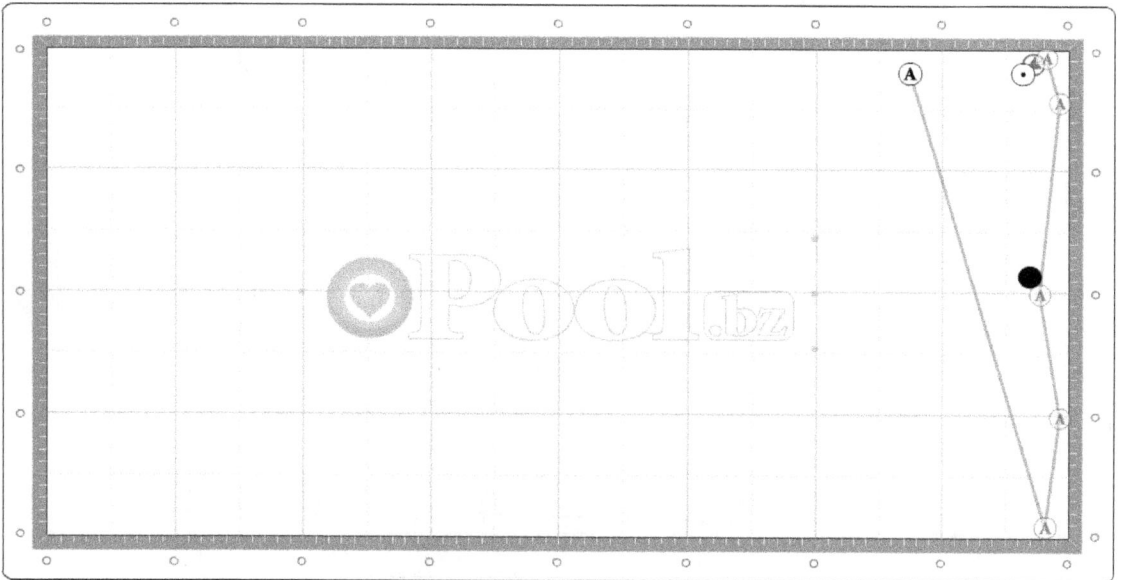

A:1c – Preparar

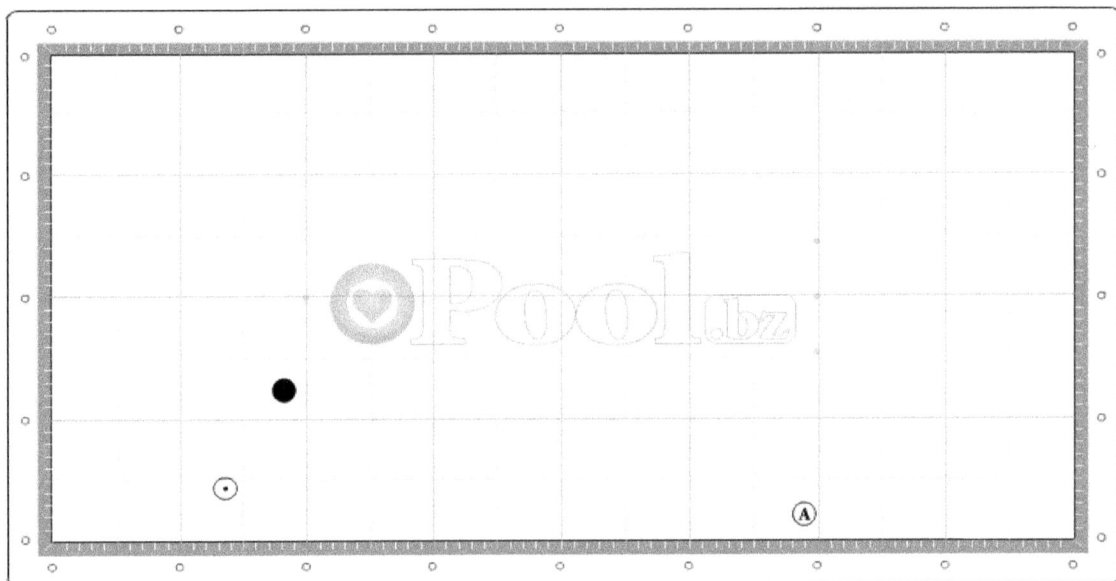

Notas e ideas:

Patrón de disparo

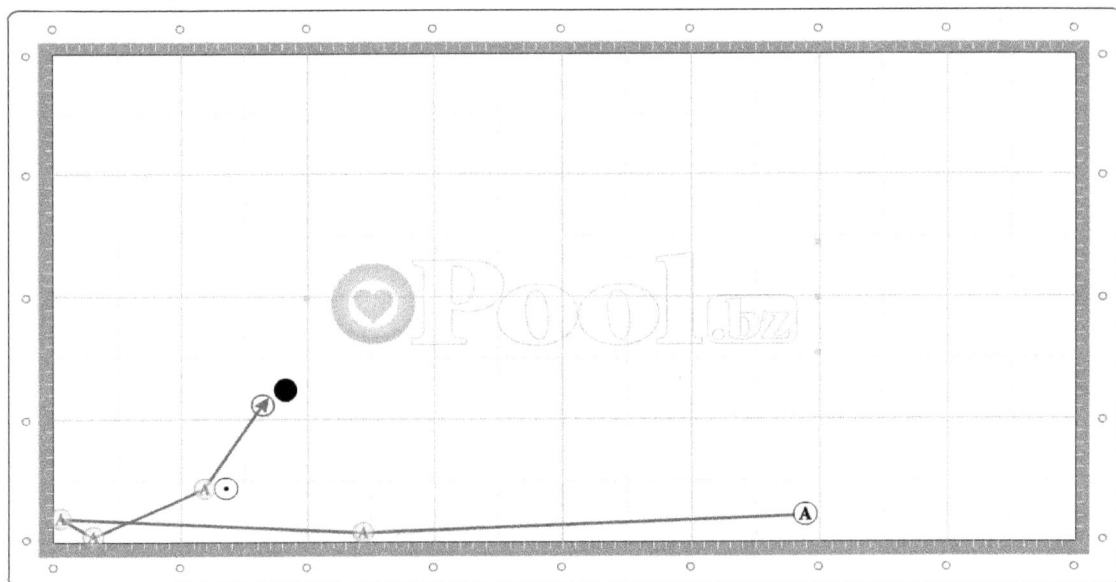

A:1d – Preparar

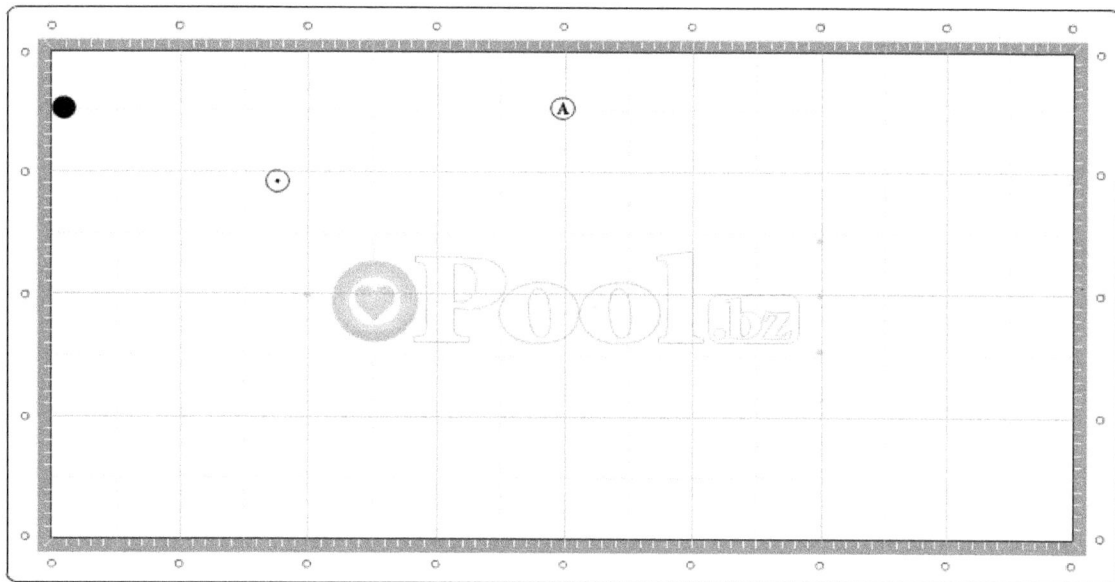

Notas e ideas:

Patrón de disparo

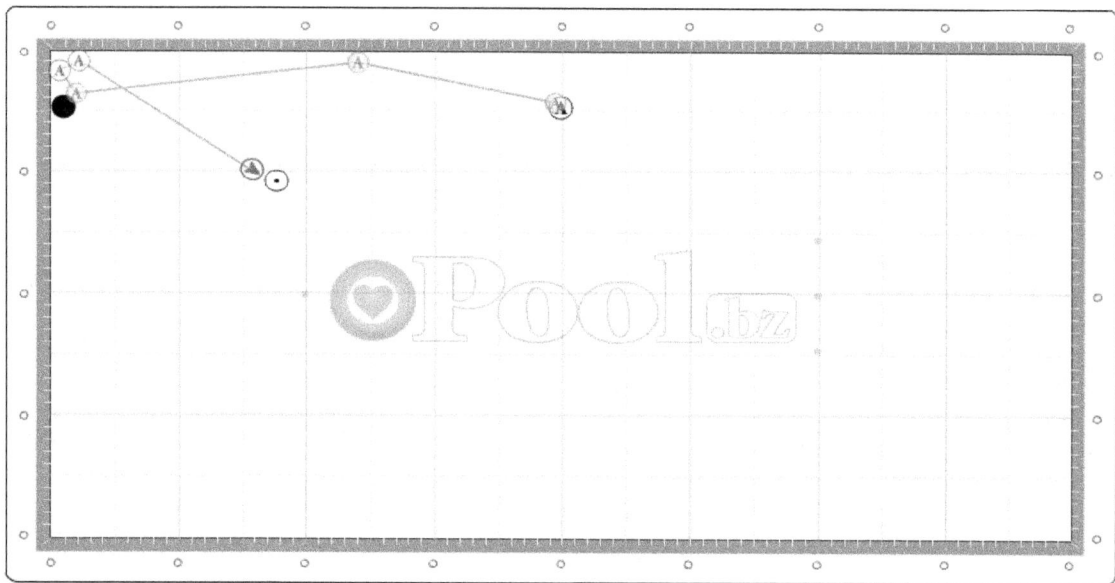

A: Grupo 2

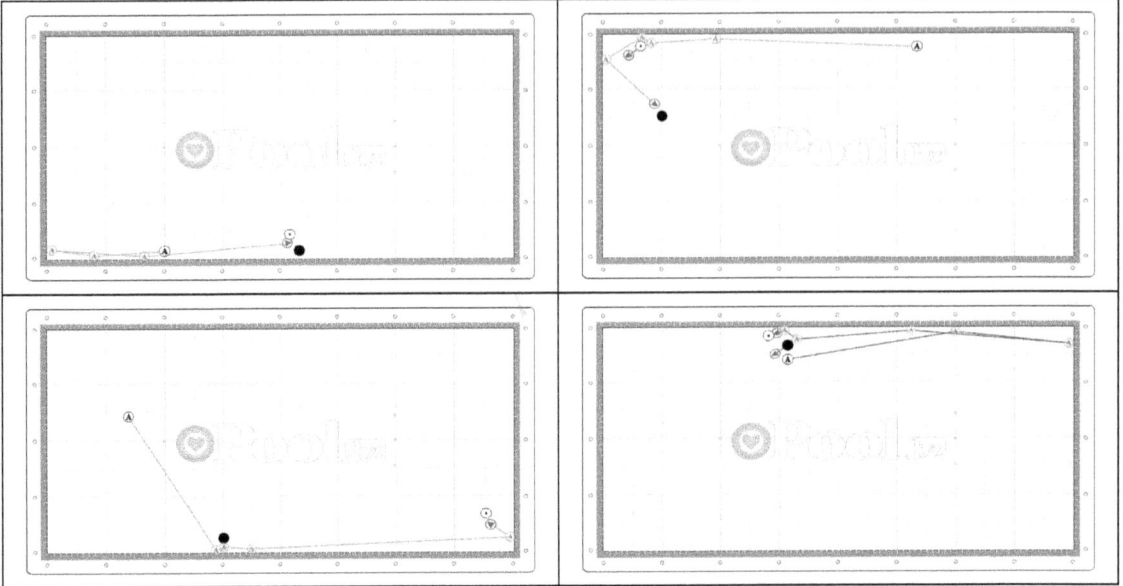

Análisis:

A:2a. _____

A:2b. _____

A:2c. _____

A:2d. _____

A:2a – Preparar

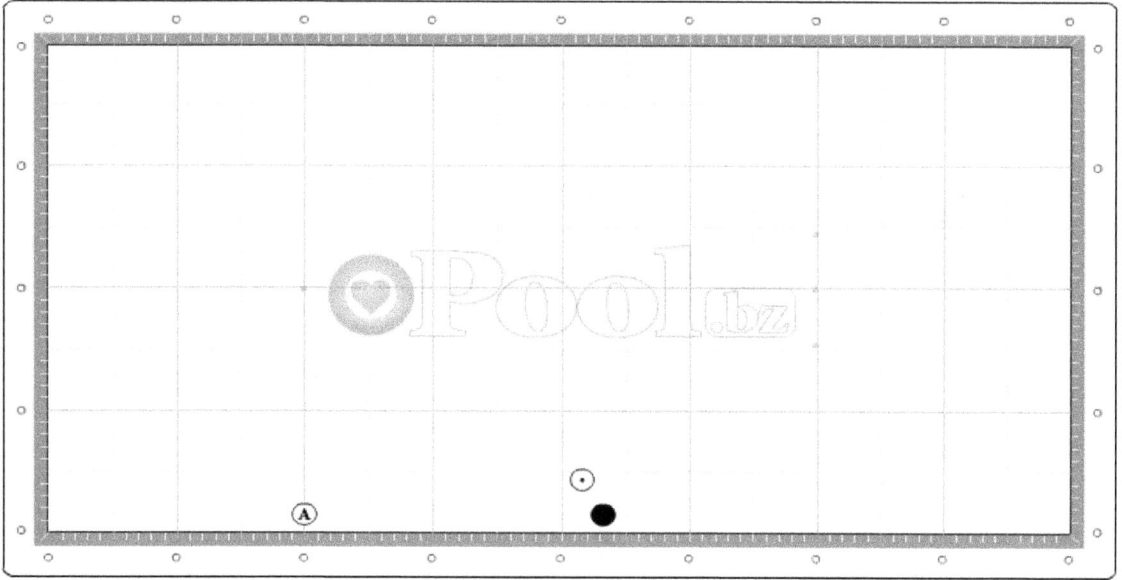

Notas e ideas:

Patrón de disparo

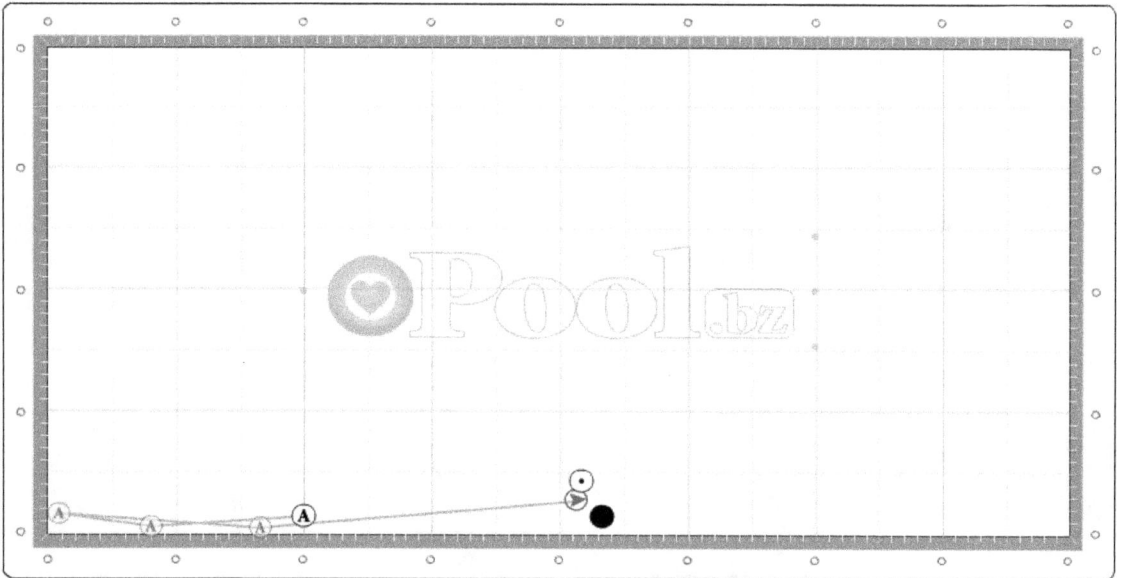

A:2b – Preparar

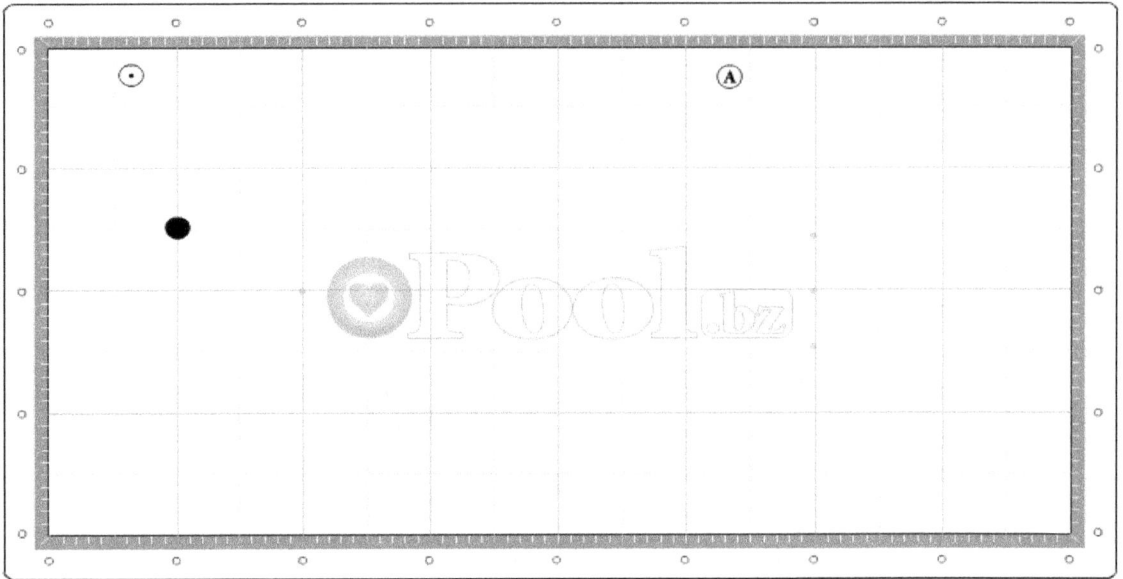

Notas e ideas:

Patrón de disparo

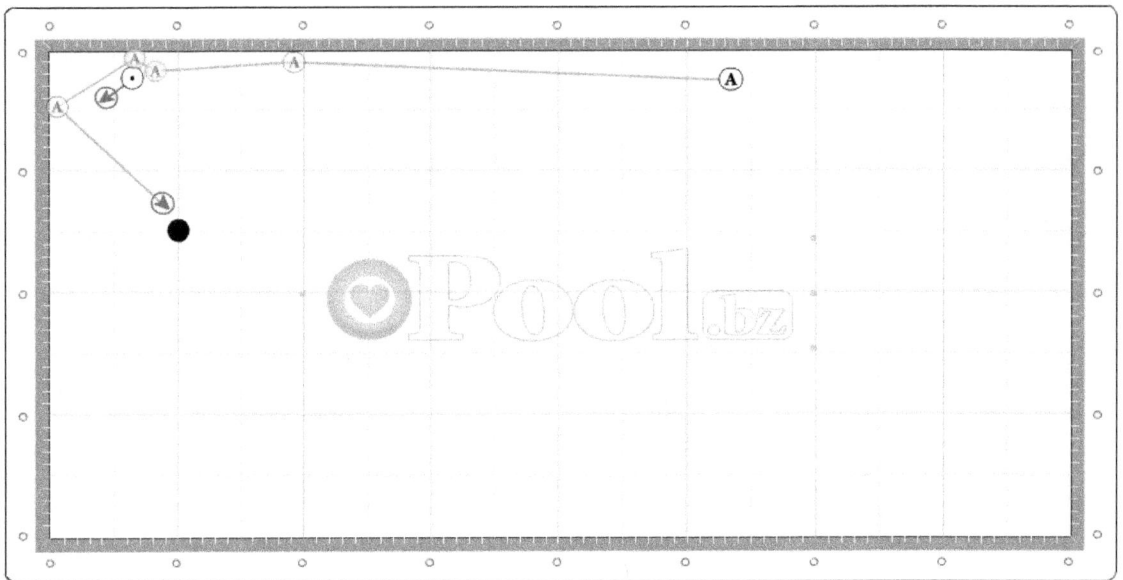

A:2c – Preparar

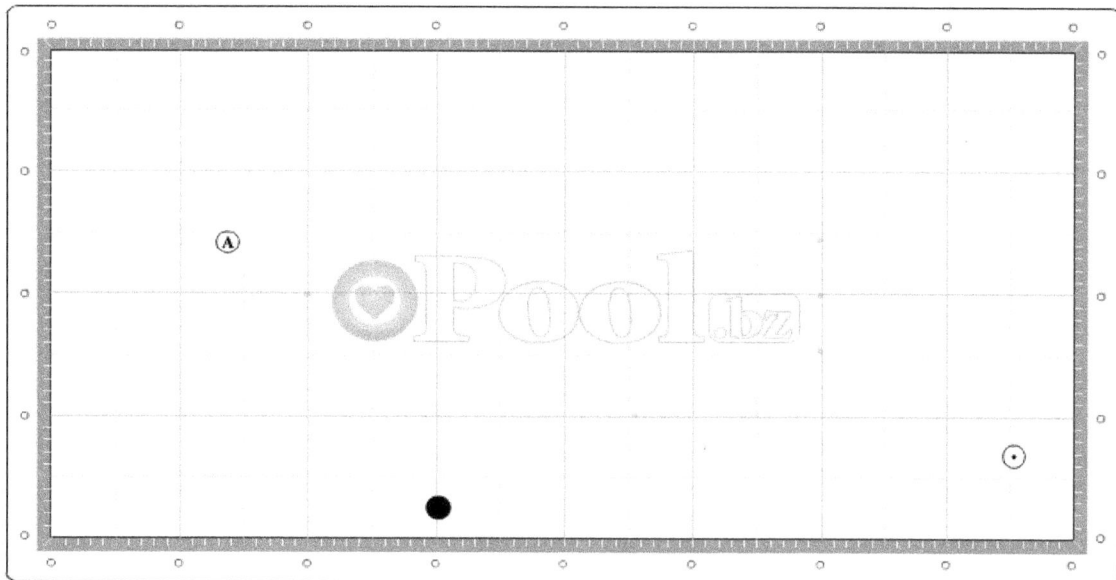

Notas e ideas:

Patrón de disparo

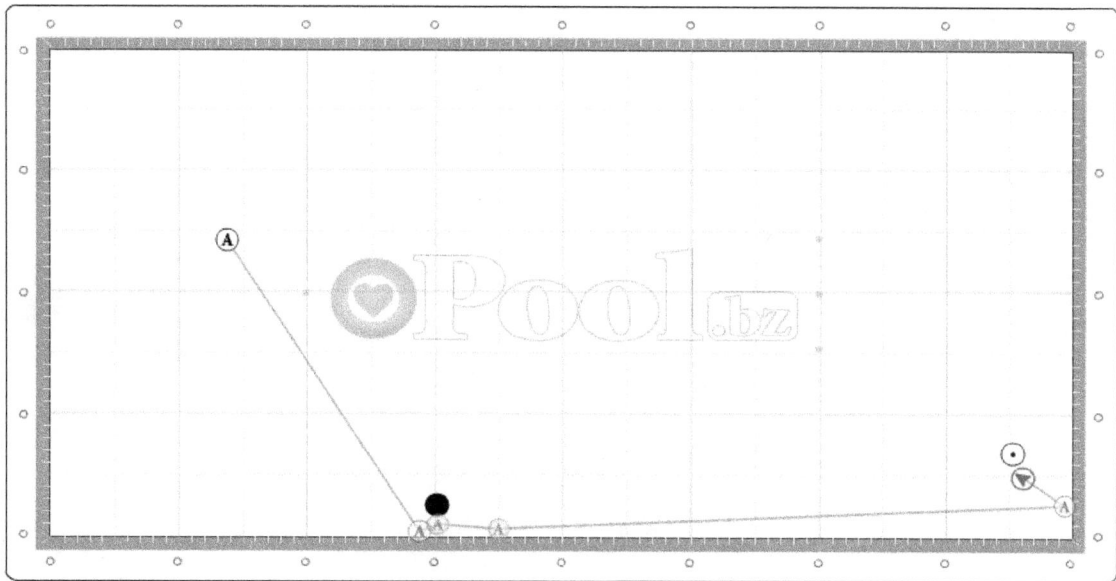

A:2d – Preparar

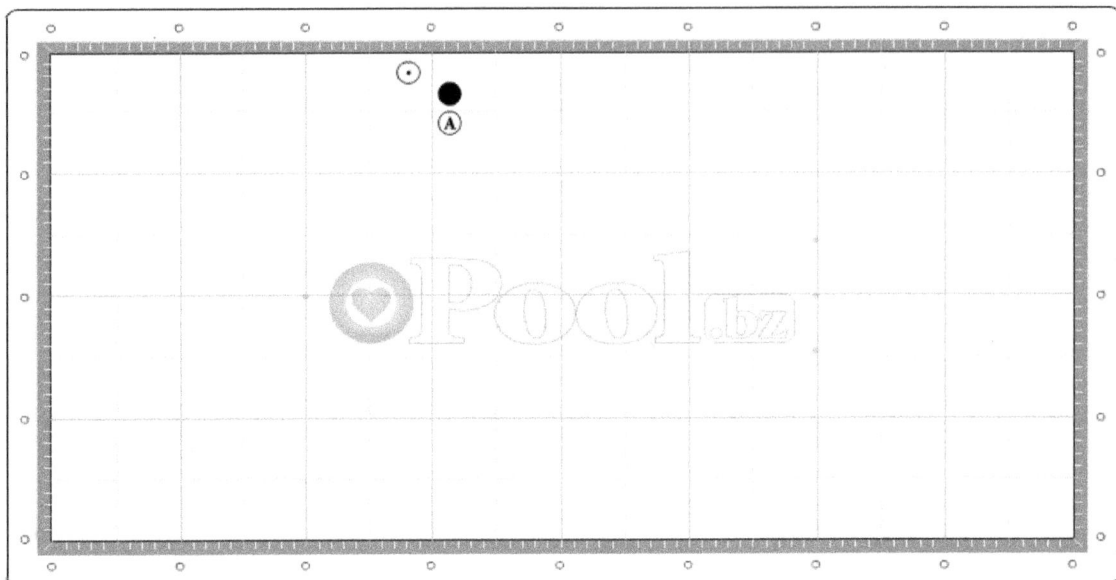

Notas e ideas:

Patrón de disparo

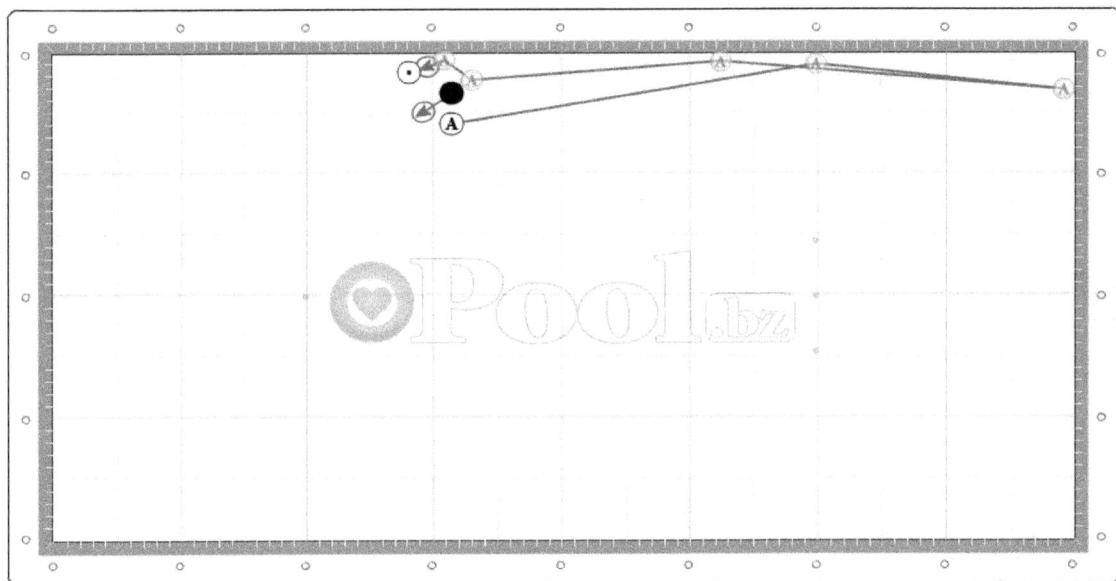

A: Grupo 3

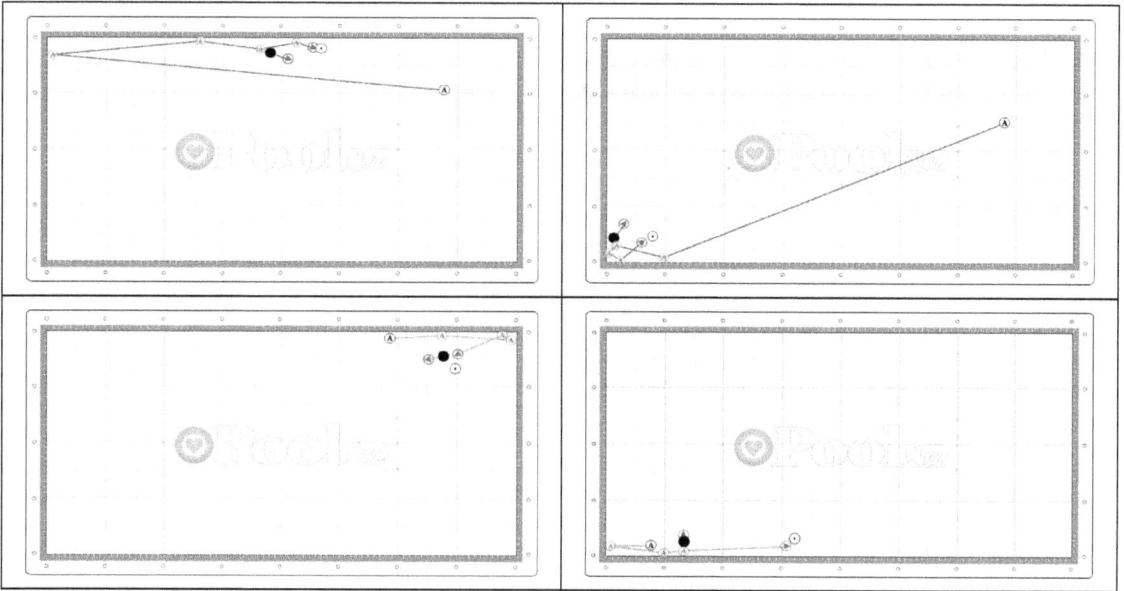

Análisis:

A:3a. _____

A:3b. _____

A:3c. _____

A:3d. _____

A:3a – Preparar

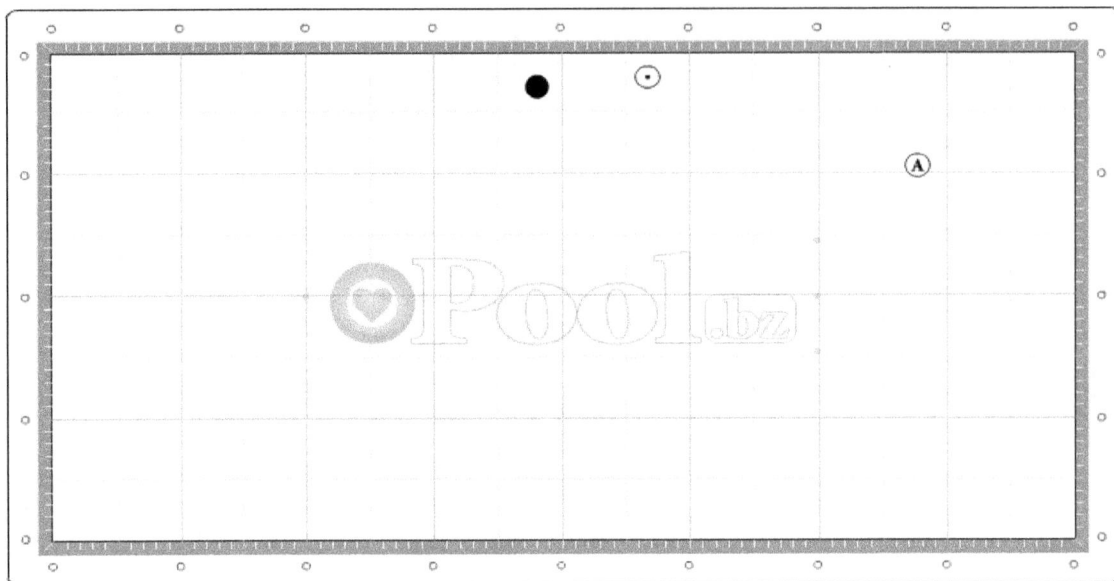

Notas e ideas:

Patrón de disparo

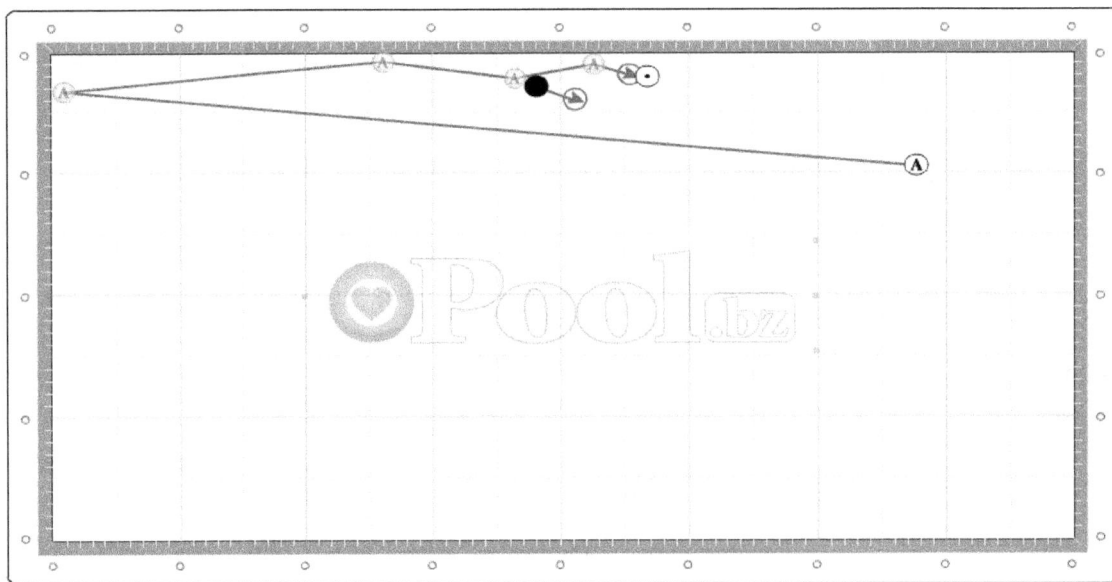

A:3b – Preparar

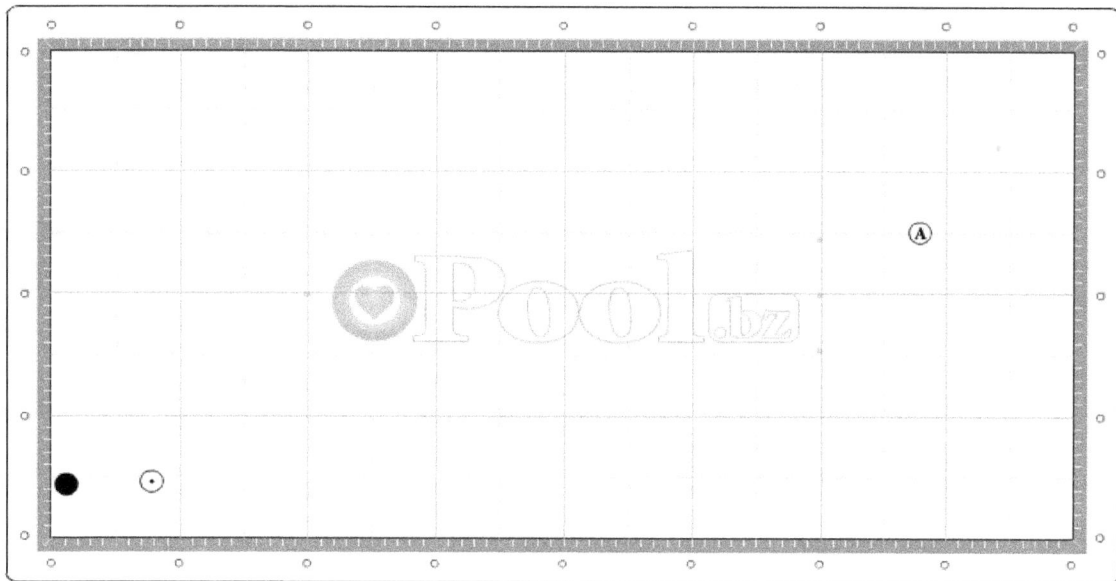

Notas e ideas:

Patrón de disparo

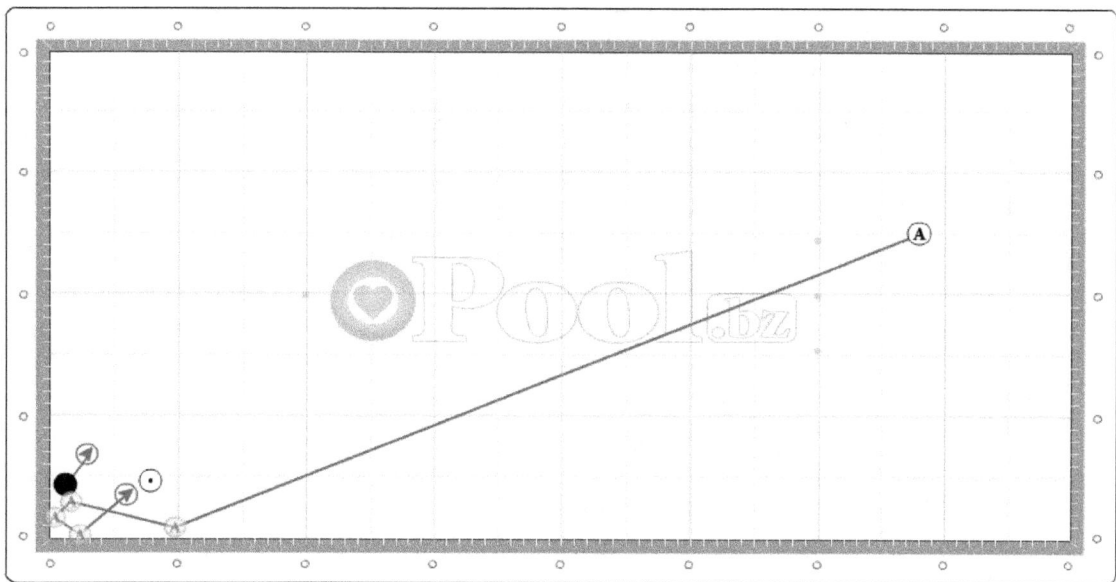

A:3c – Preparar

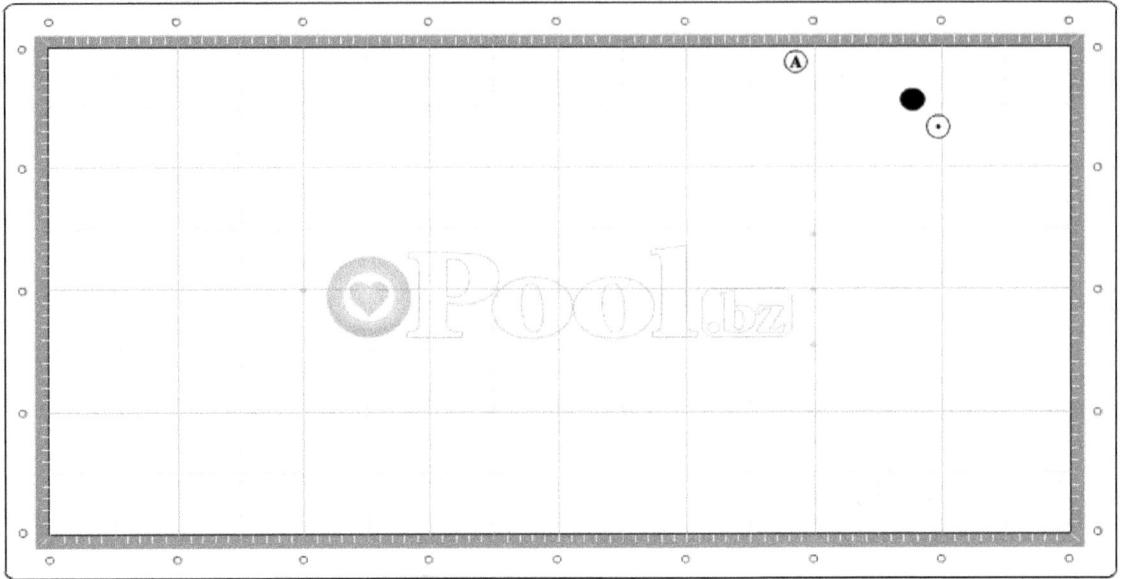

Notas e ideas:

Patrón de disparo

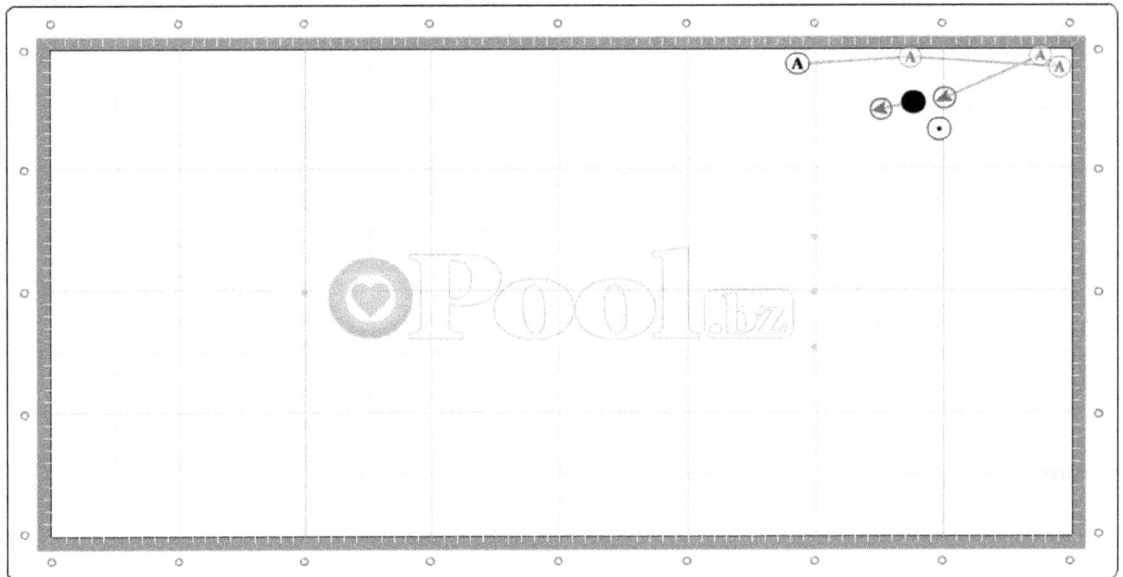

A:3d – Preparar

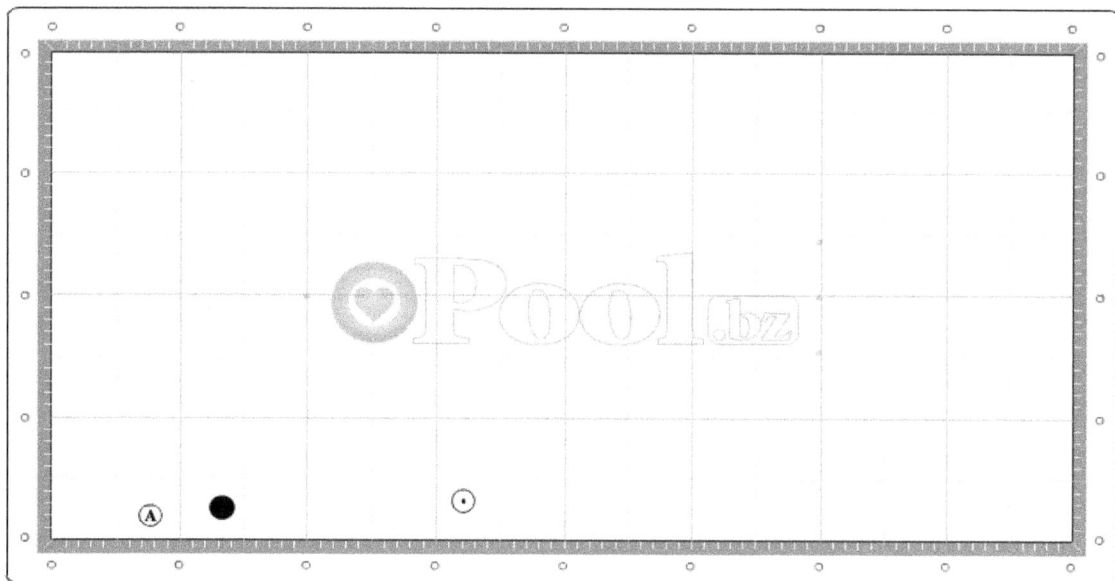

Notas e ideas:

Patrón de disparo

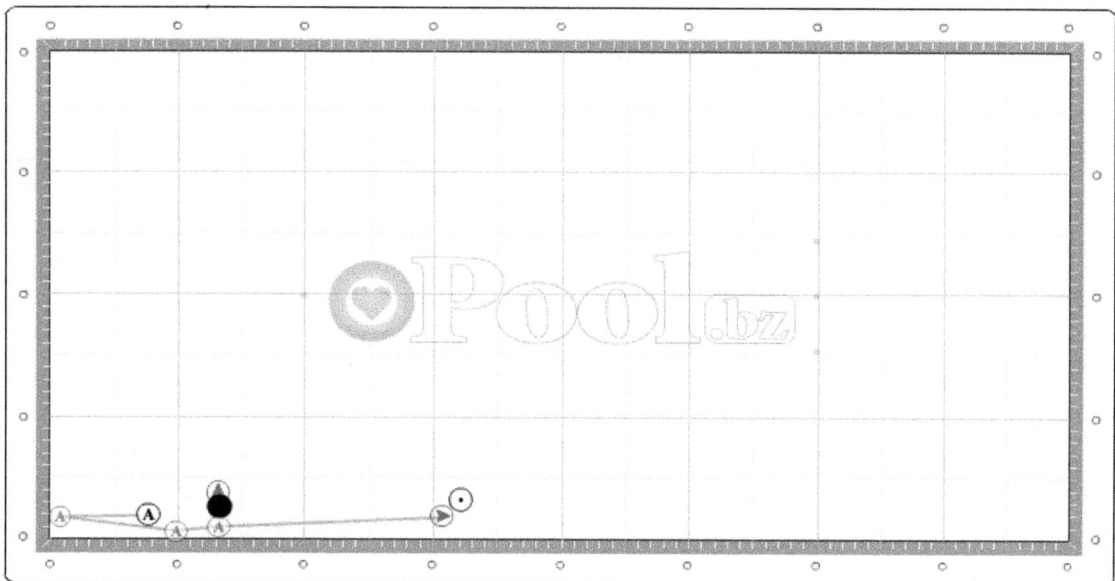

A: Grupo 4

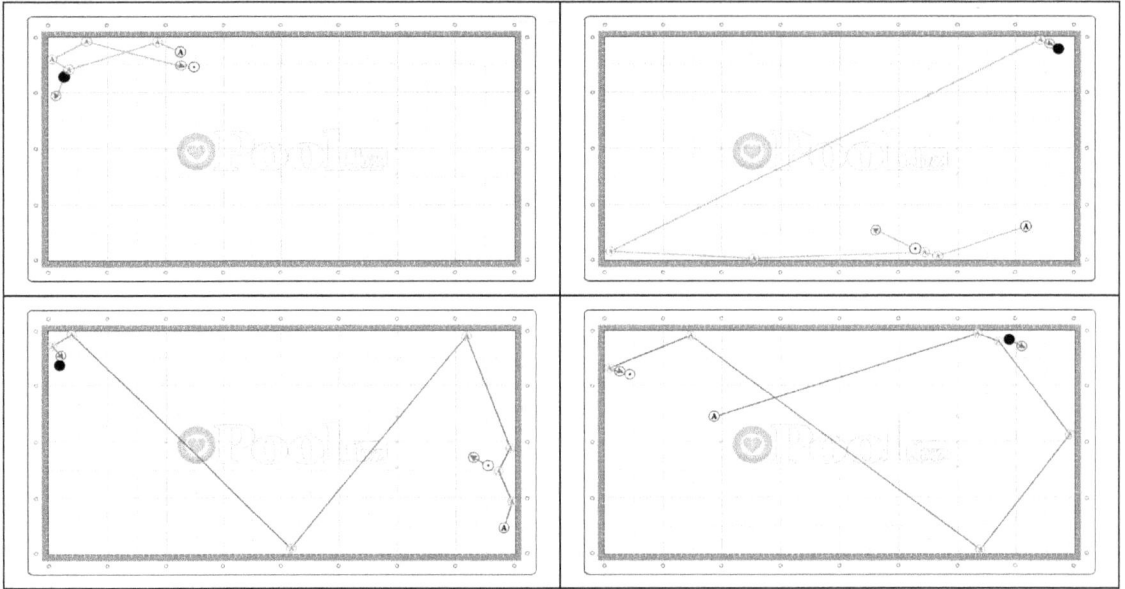

Análisis:

A:4a. _____

A:4b. _____

A:4c. _____

A:4d. _____

A:4a – Preparar

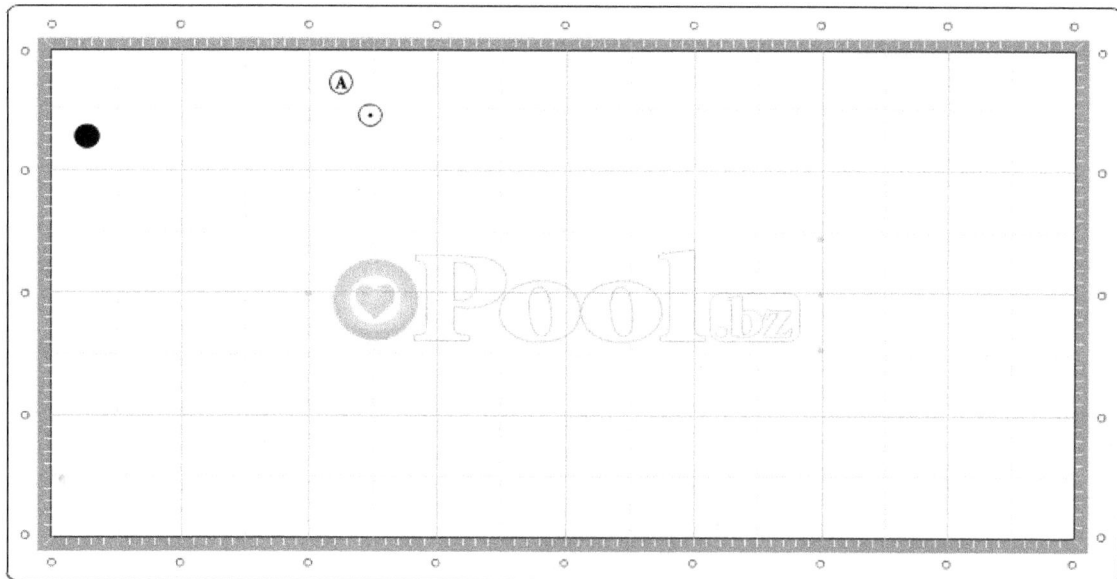

Notas e ideas:

Patrón de disparo

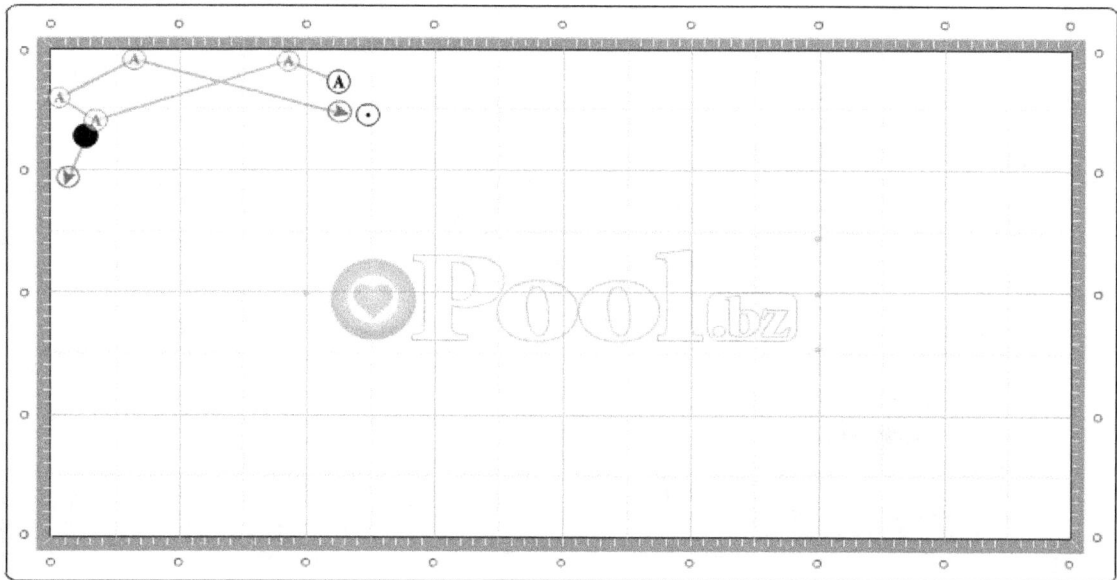

A:4b – Preparar

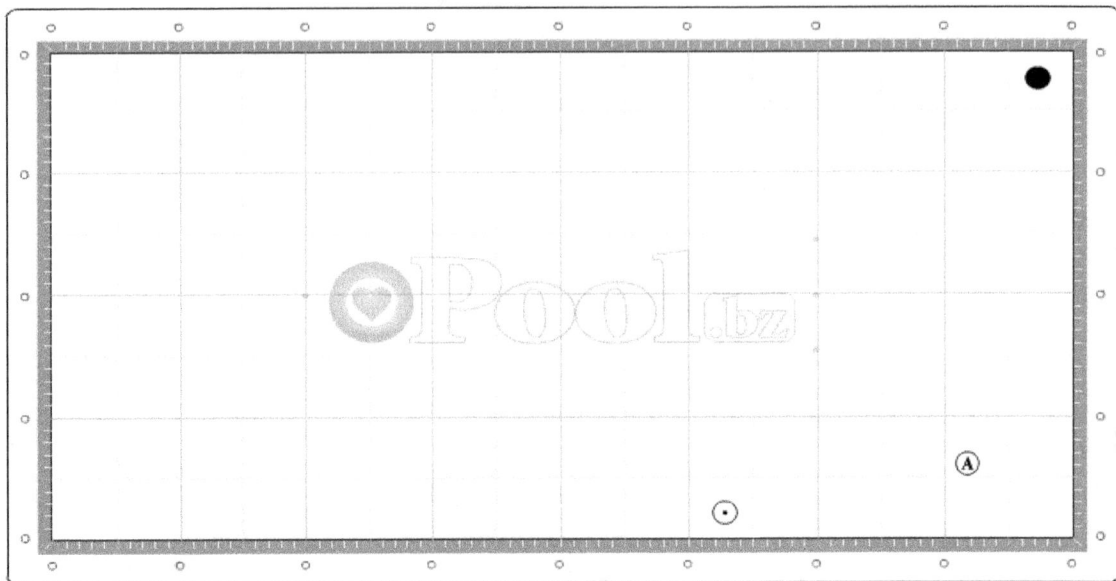

Notas e ideas:

Patrón de disparo

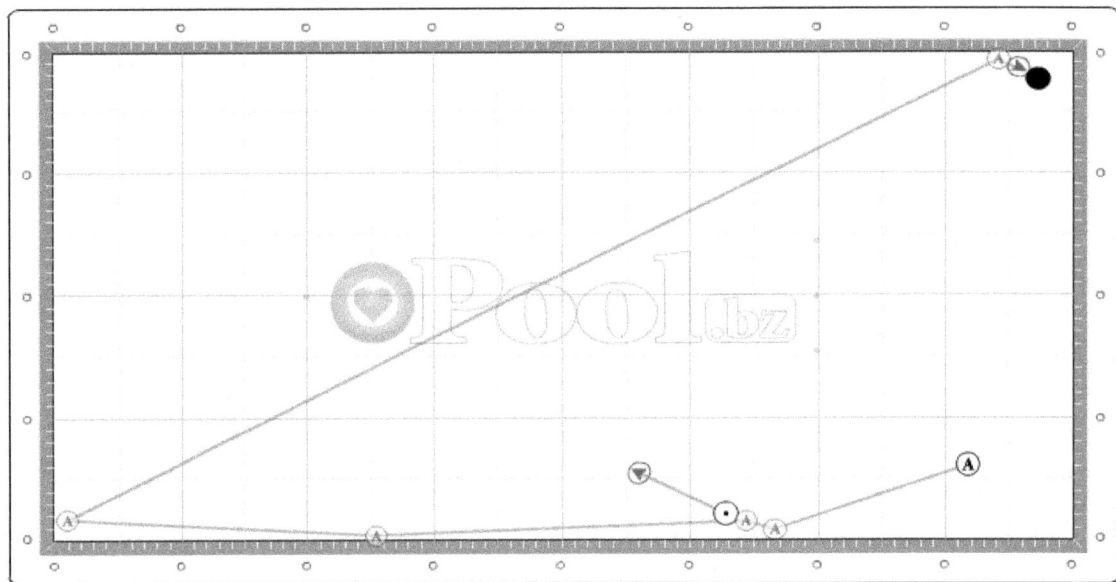

A:4c – Preparar

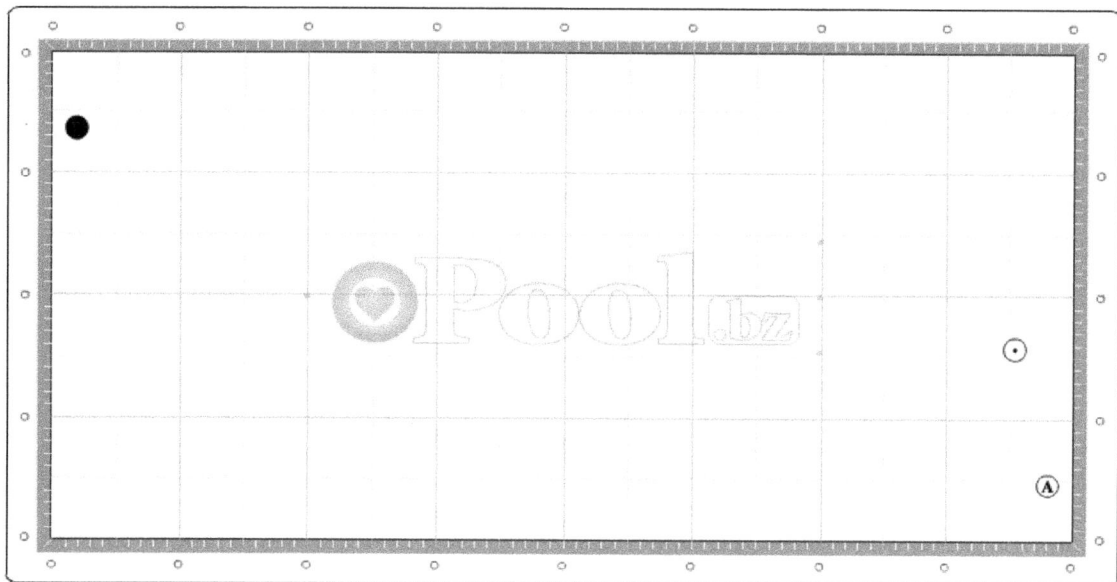

Notas e ideas:

Patrón de disparo

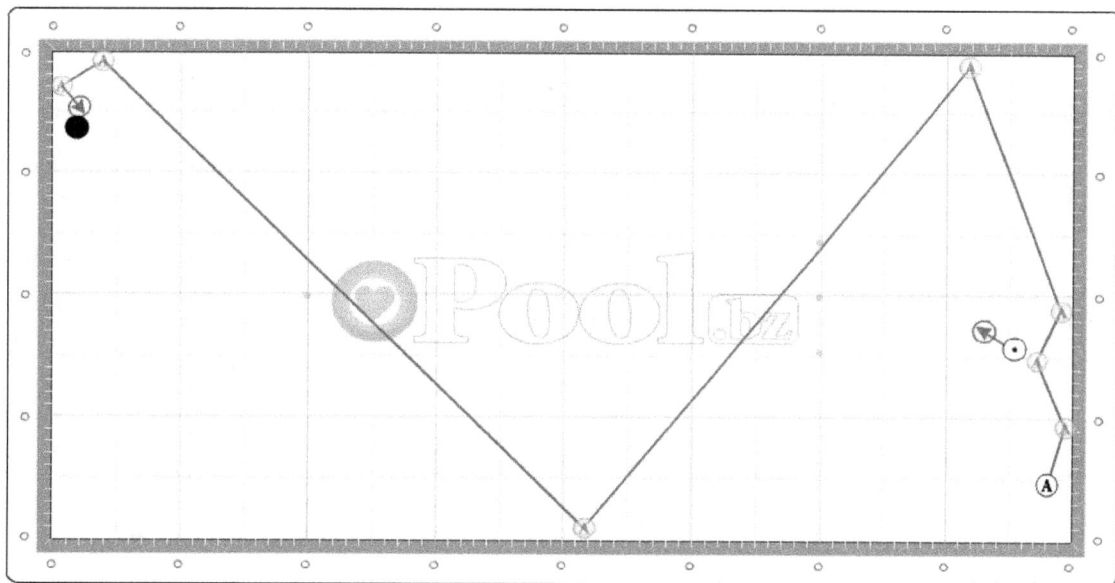

A:4d – Preparar

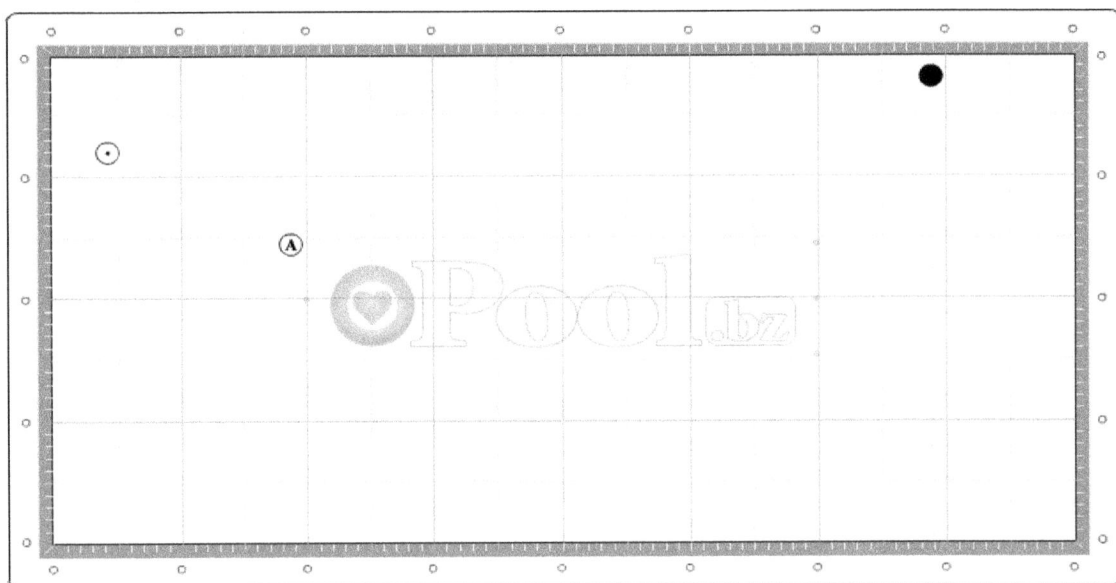

Notas e ideas:

Patrón de disparo

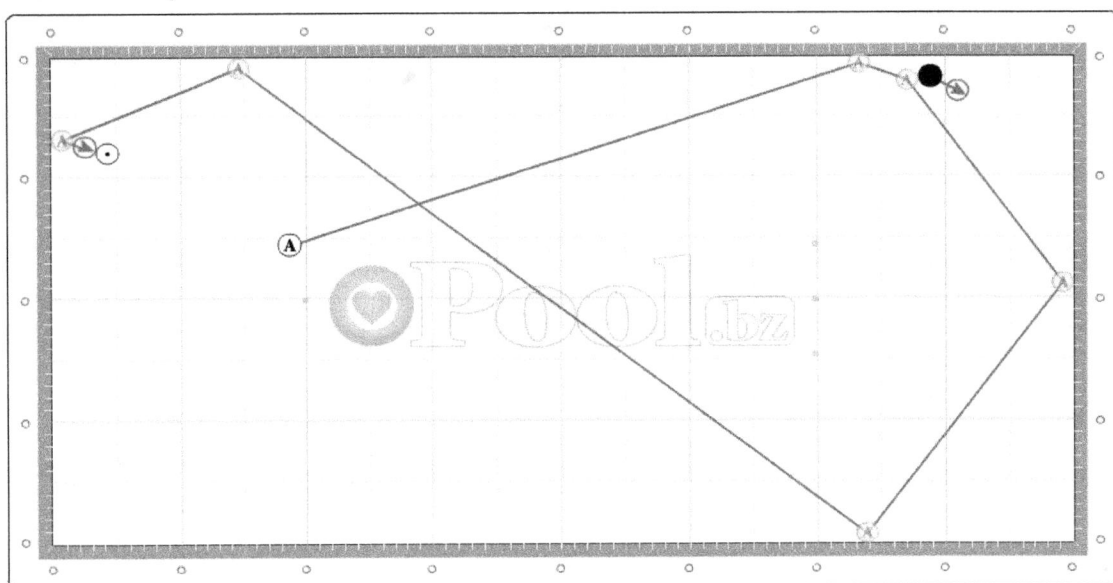

B: Arriba y abajo del bando

El (CB) usa el giro lateral para hacer todos los contactos laterales a lo largo de un bando.

Ⓐ (CB) (su bola de billar) - ☉ (OB) (bola de billar oponente) - ⬤ (OB) (bola de billar roja)

B: Grupo 1

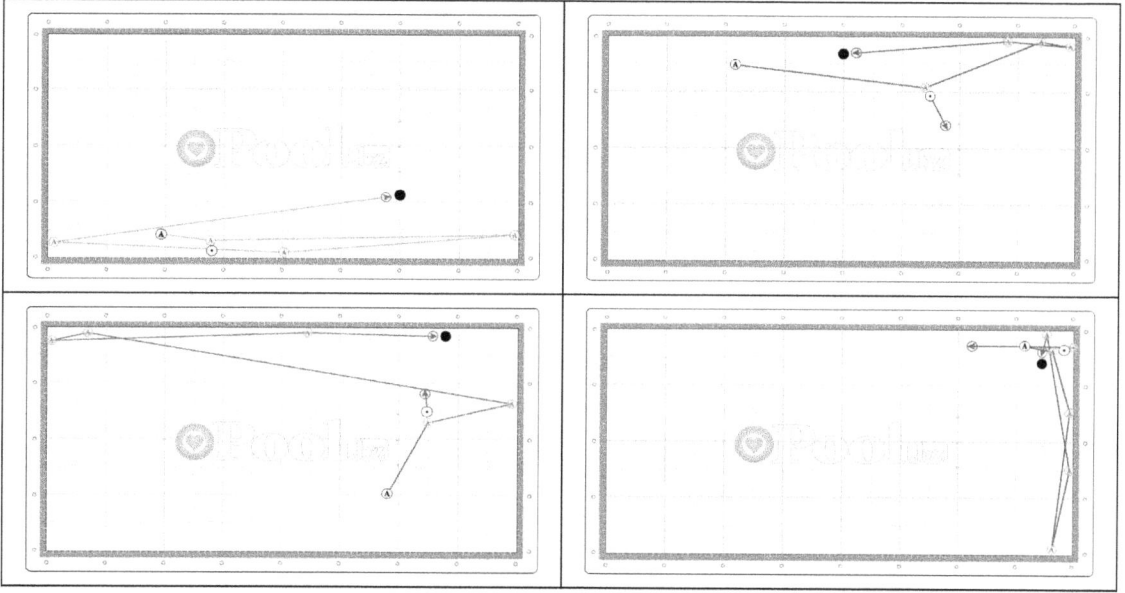

Análisis:

B:1a. _____

B:1b. _____

B:1c. _____

B:1d. _____

B:1a – Preparar

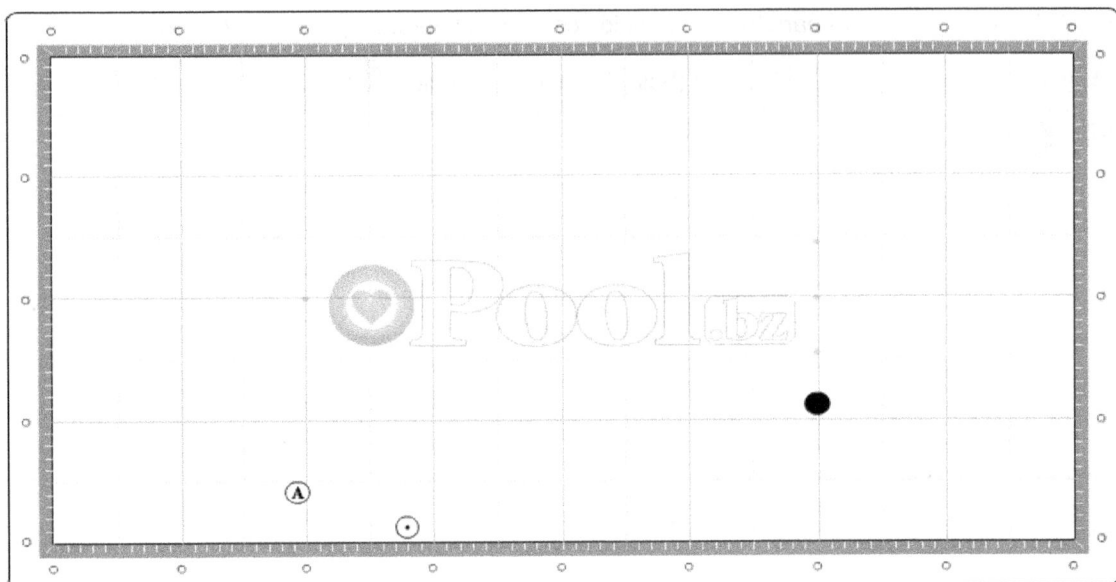

Notas e ideas:

Patrón de disparo

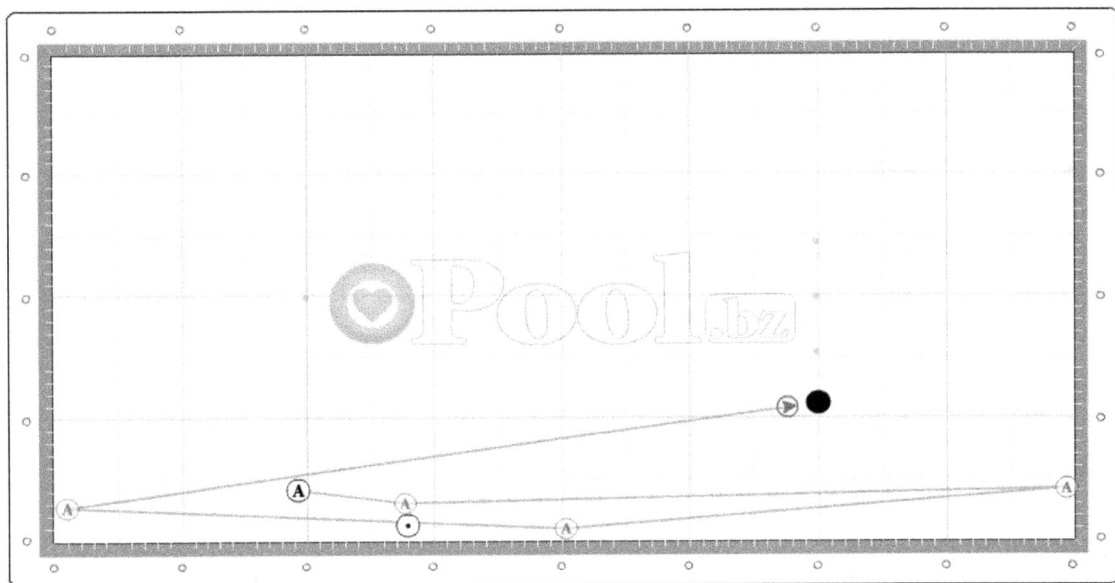

B:1b – Preparar

Notas e ideas:

Patrón de disparo

B:1c – Preparar

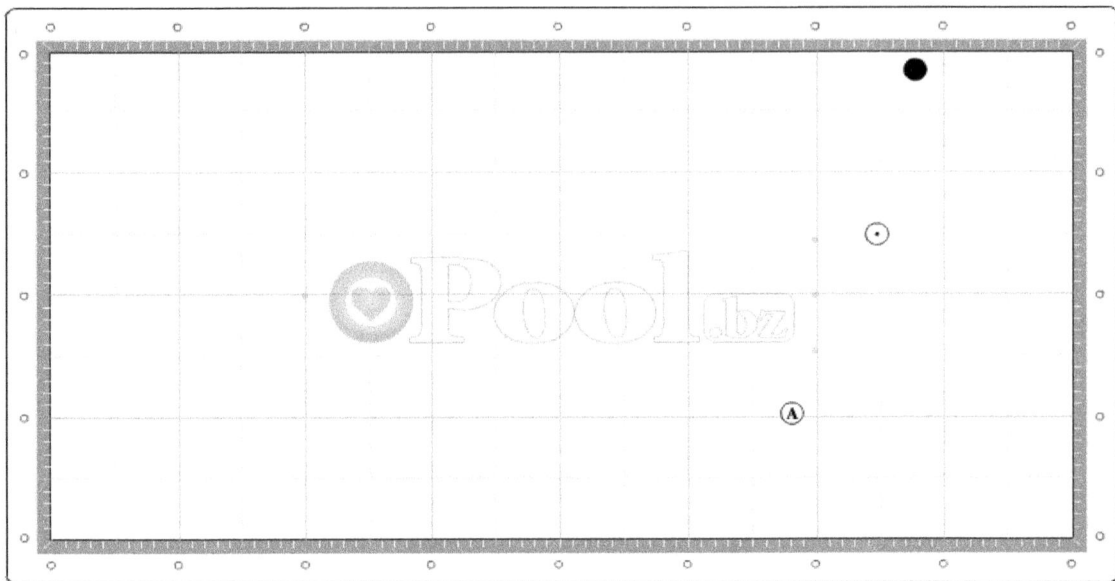

Notas e ideas:

Patrón de disparo

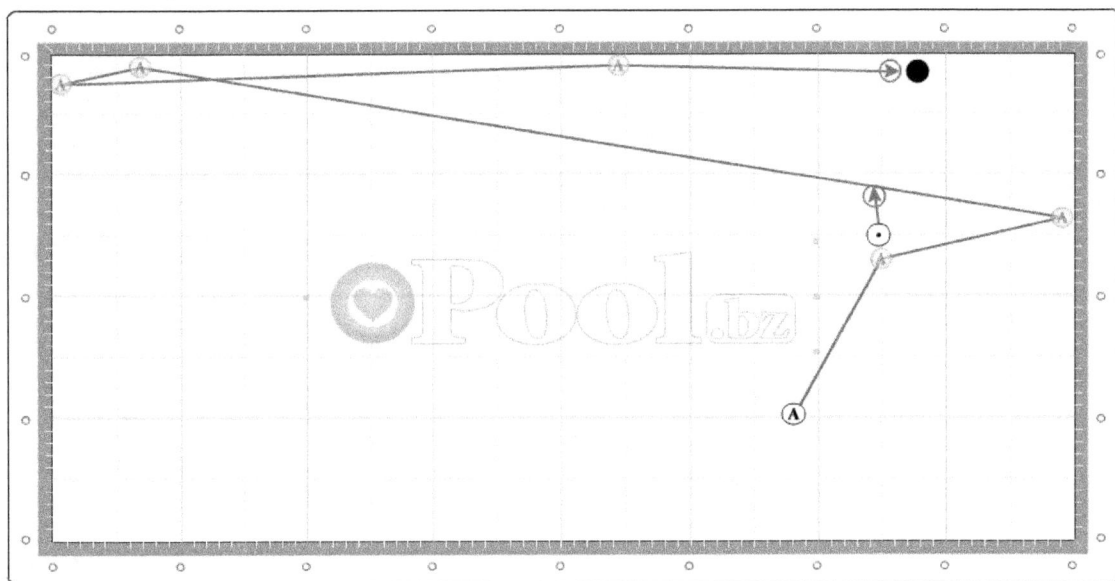

B:1d – Preparar

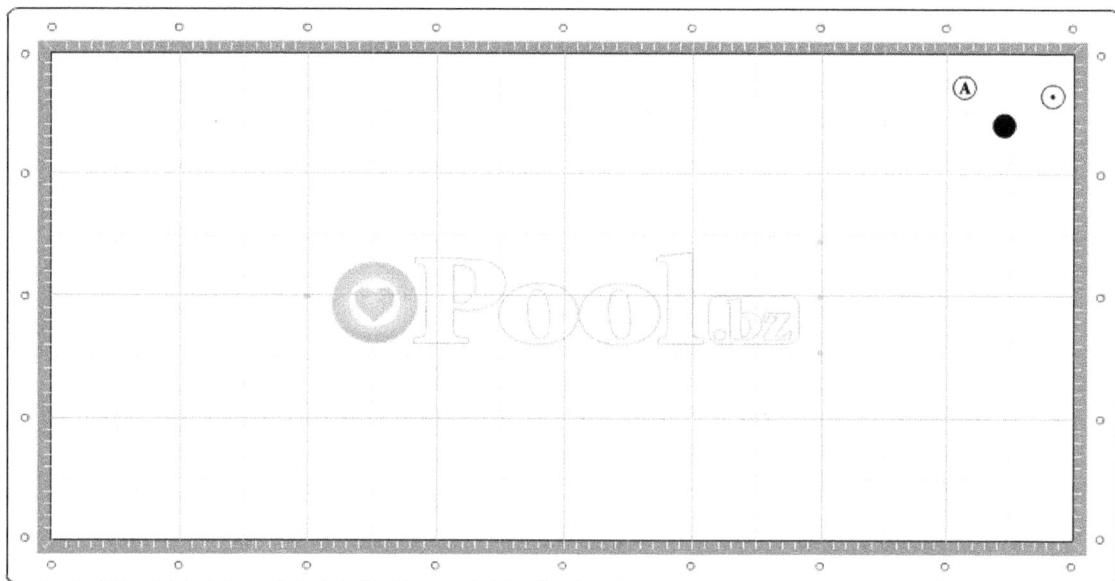

Notas e ideas:

Patrón de disparo

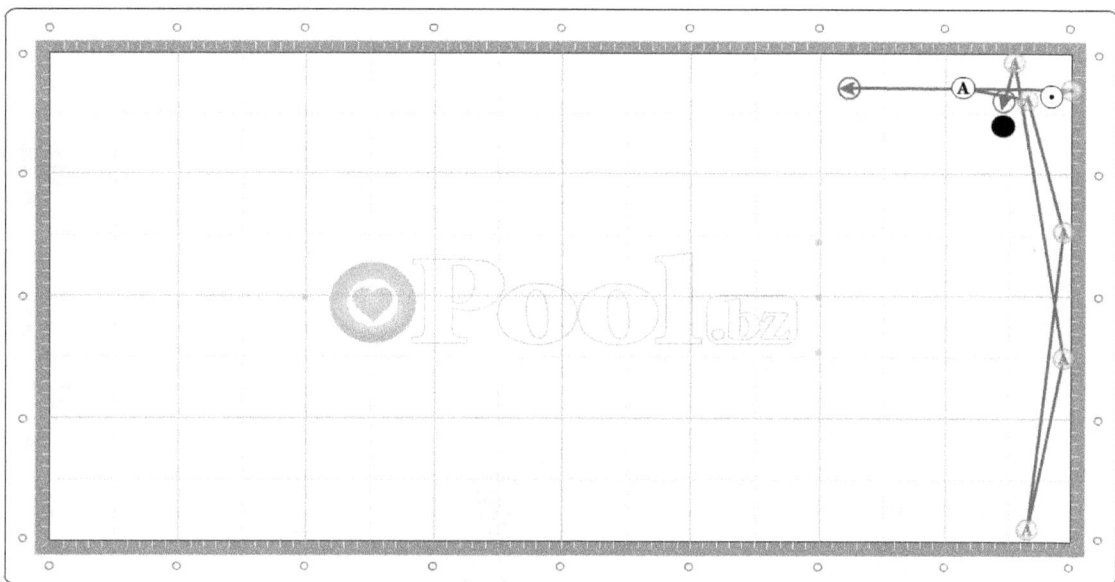

B: Grupo 2

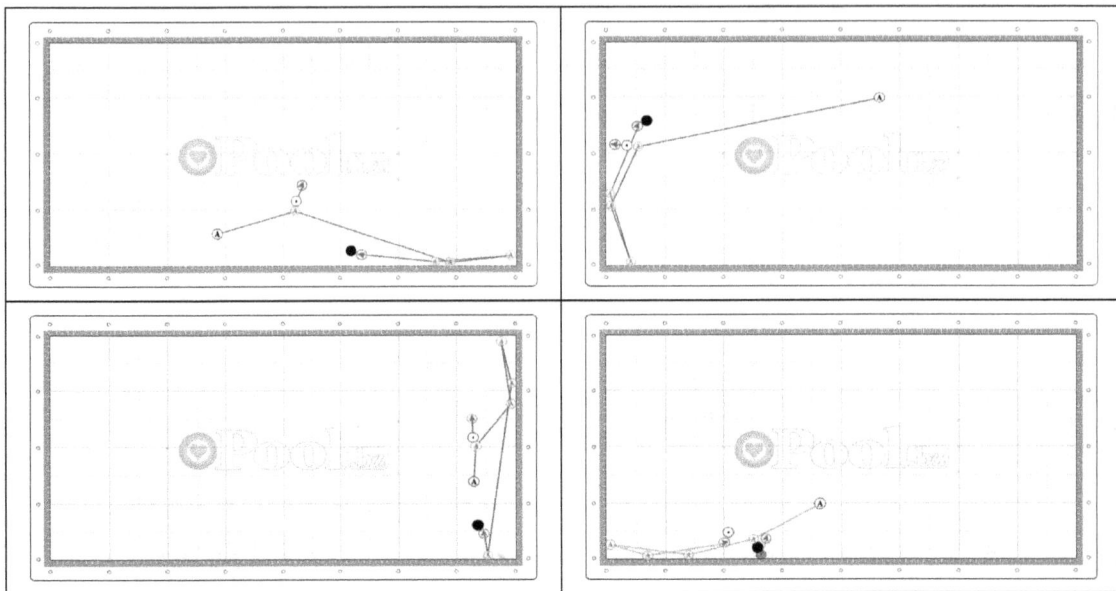

Análisis:

A:1a. _____

A:1b. _____

A:1c. _____

A:1d. _____

B:2a – Preparar

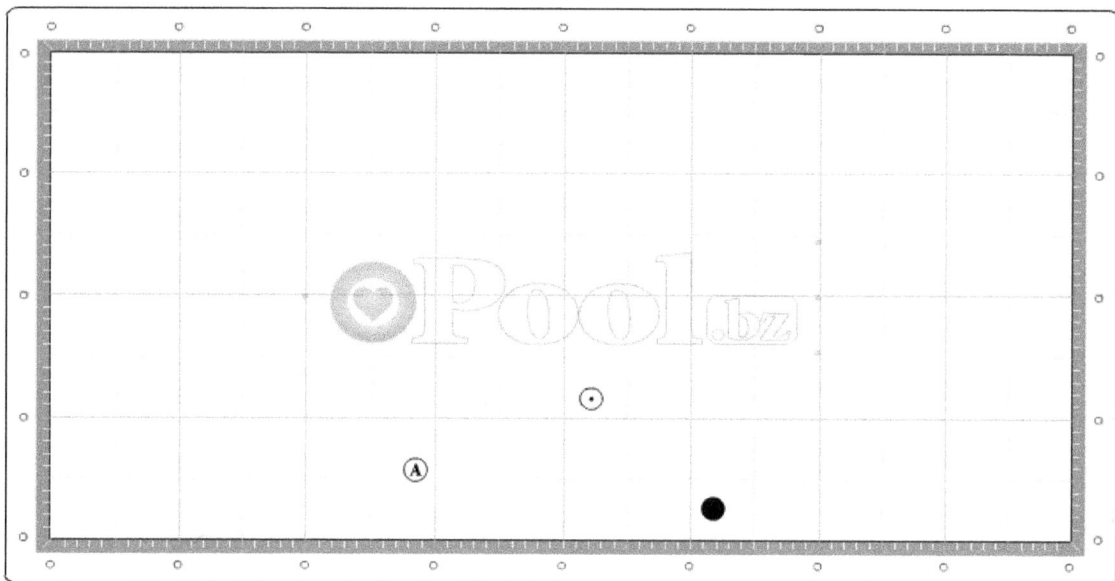

Notas e ideas:

Patrón de disparo

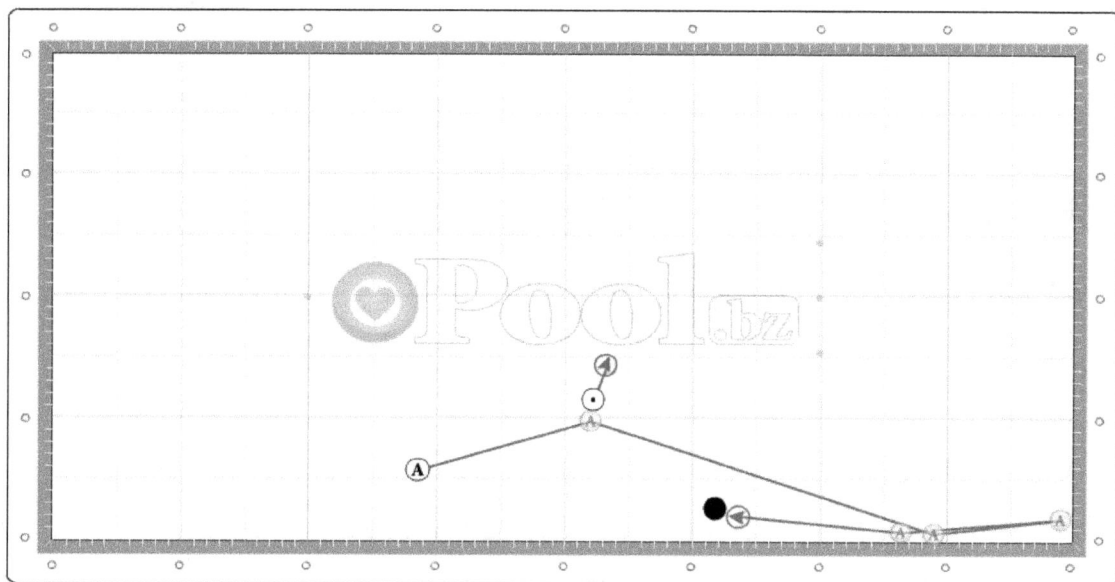

B:2b – Preparar

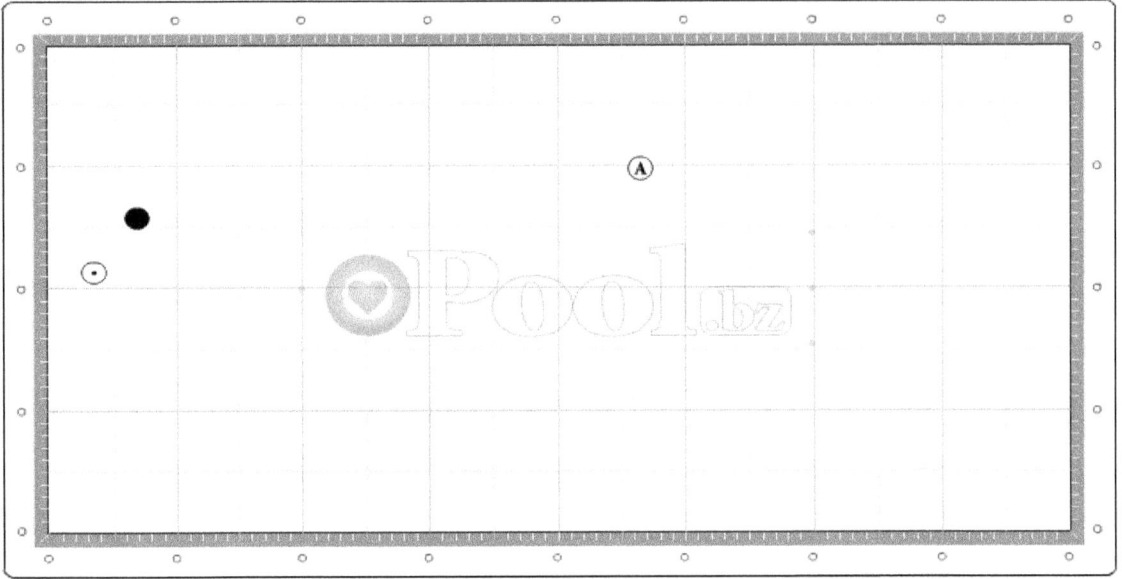

Notas e ideas:

Patrón de disparo

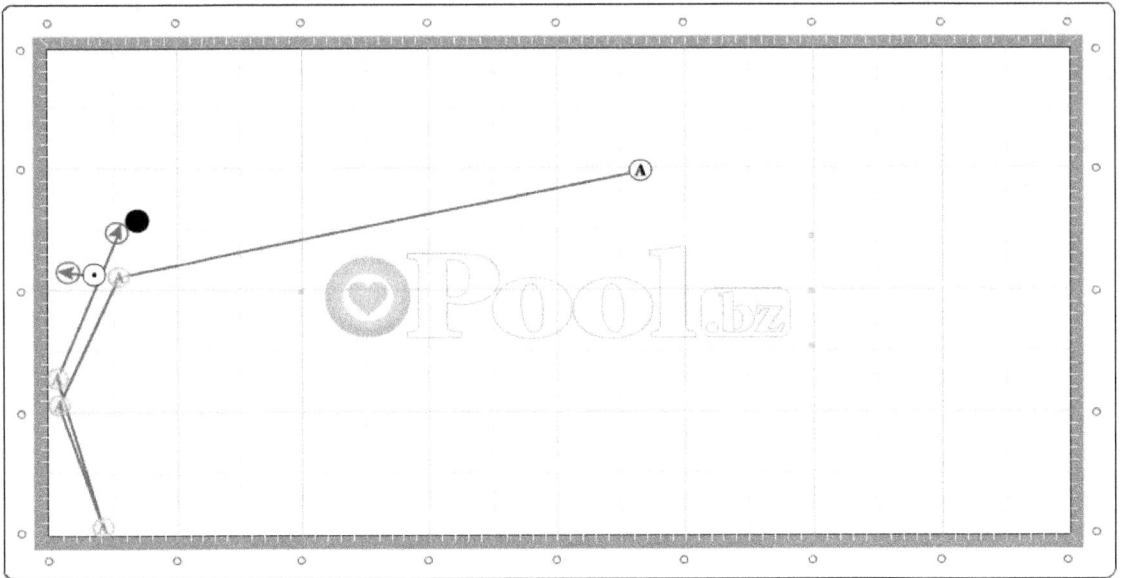

B:2c – Preparar

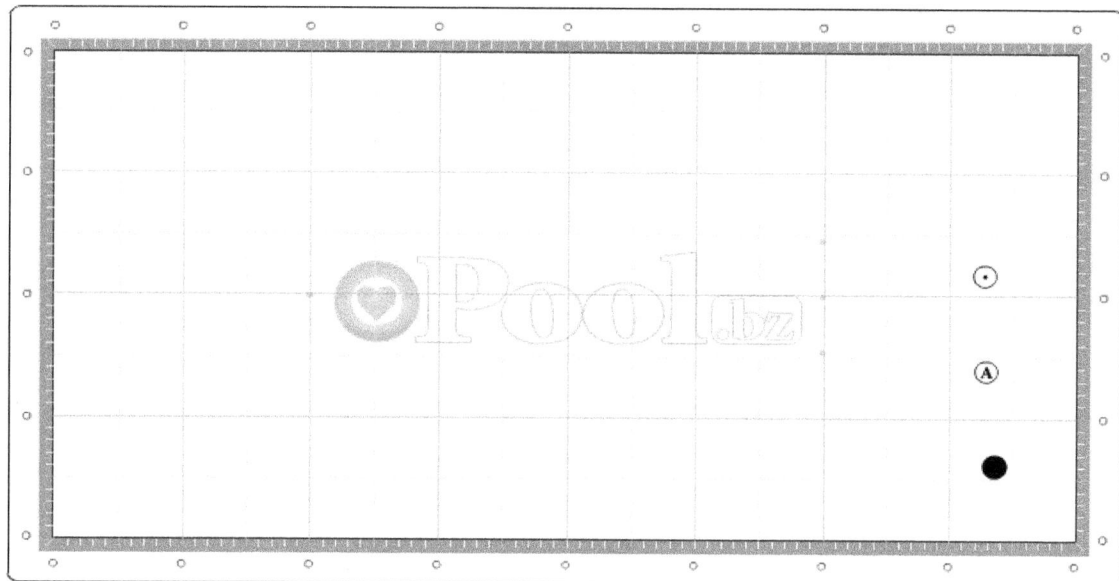

Notas e ideas:

Patrón de disparo

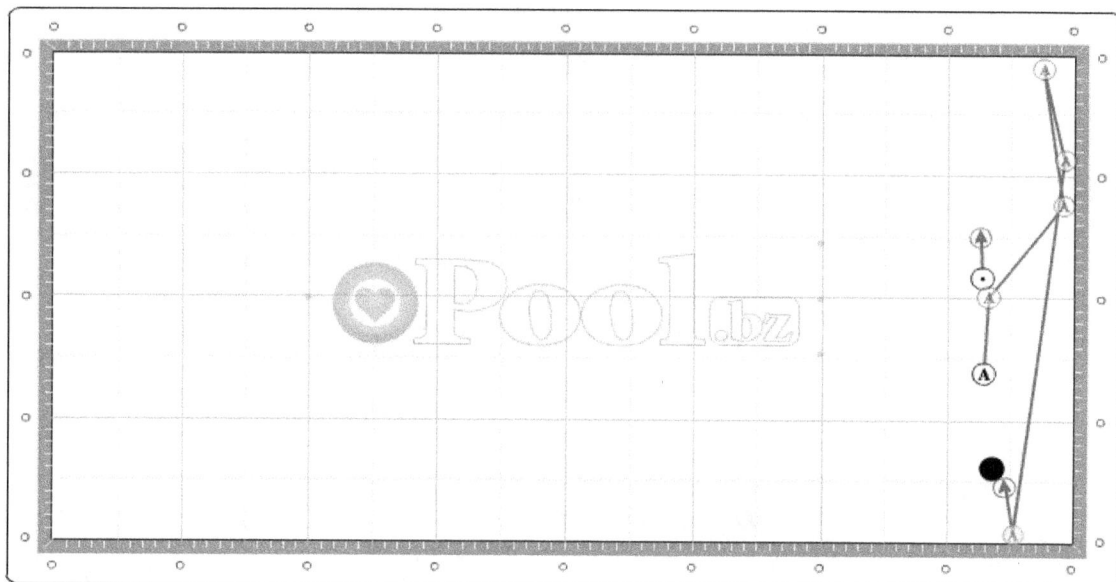

B:2d – Preparar

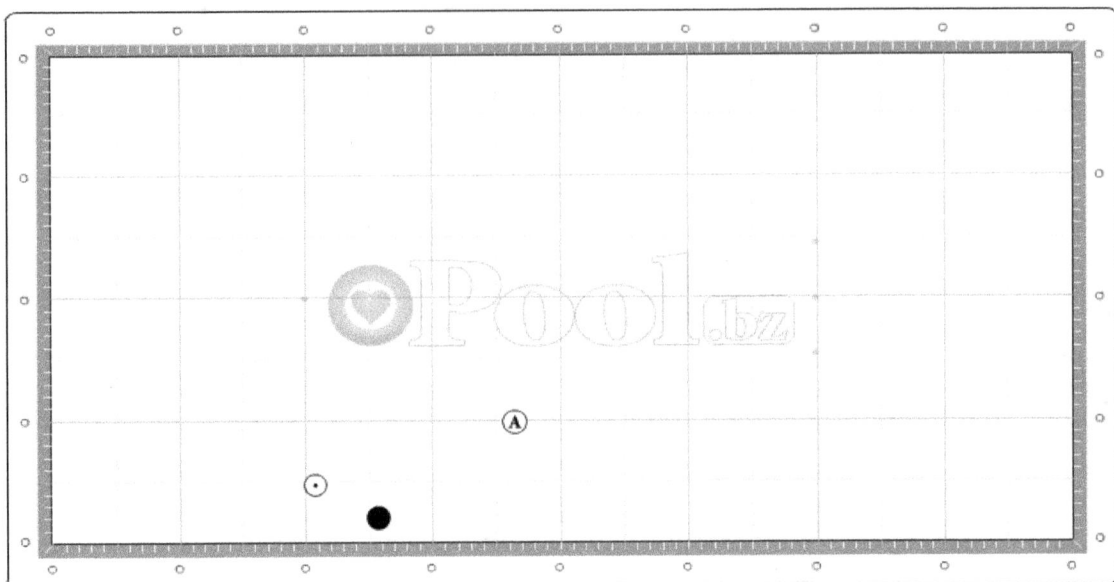

Notas e ideas:

Patrón de disparo

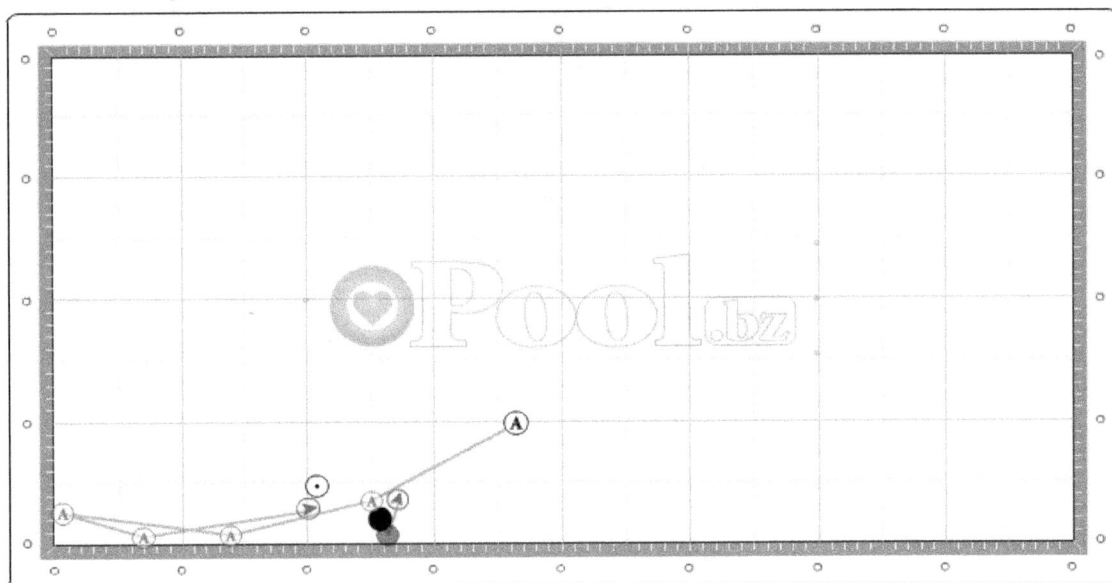

B: Grupo 3

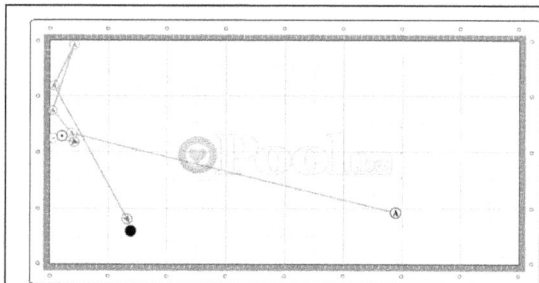 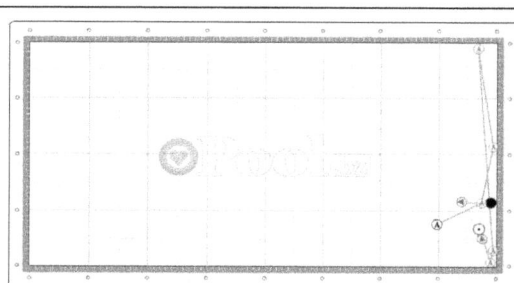

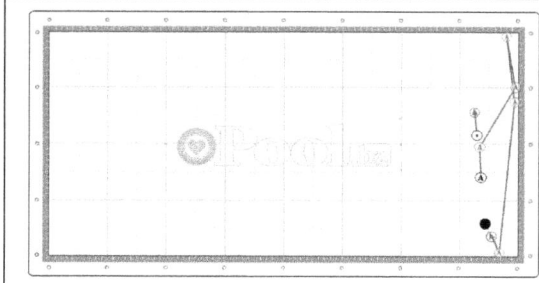 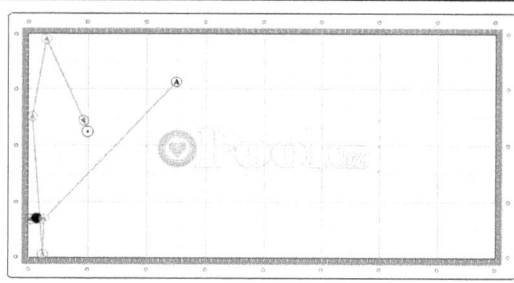

Análisis:

B:3a. _____

B:3b. _____

B:3c. _____

B:3d. _____

B:3a – Preparar

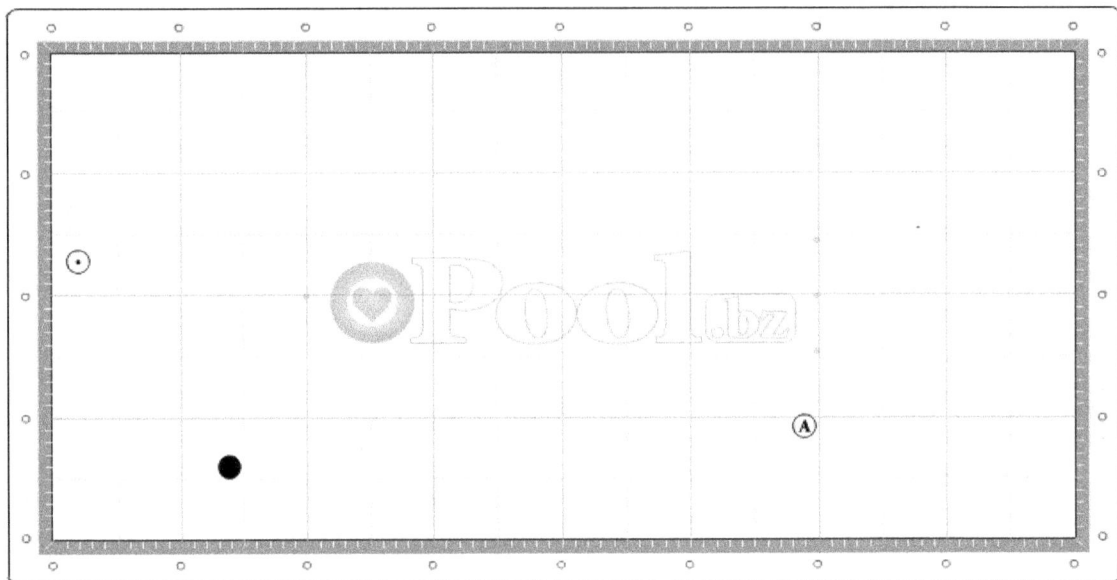

Notas e ideas:

Patrón de disparo

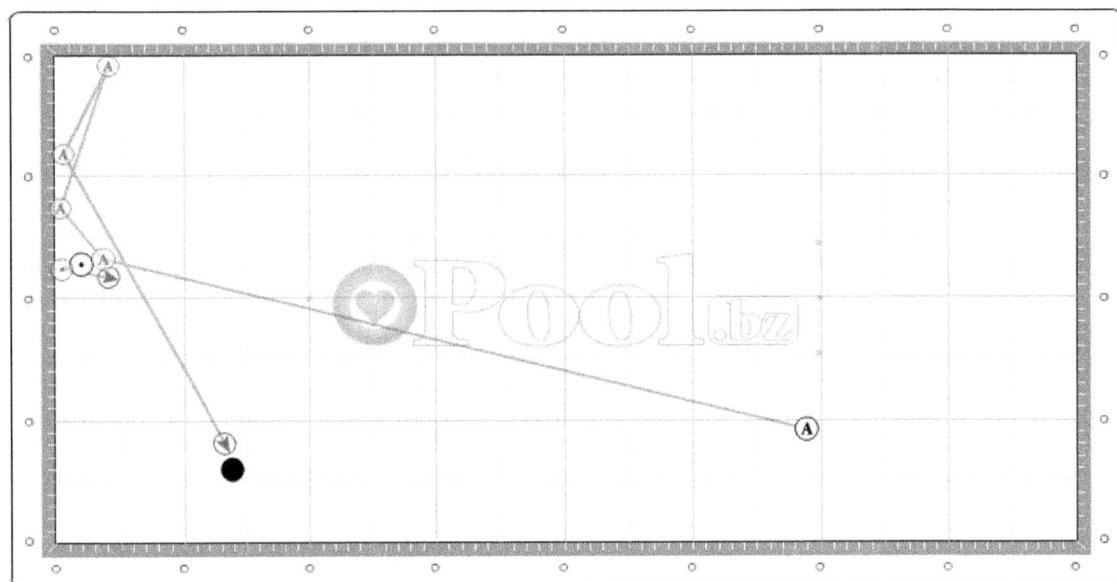

B:3b – Preparar

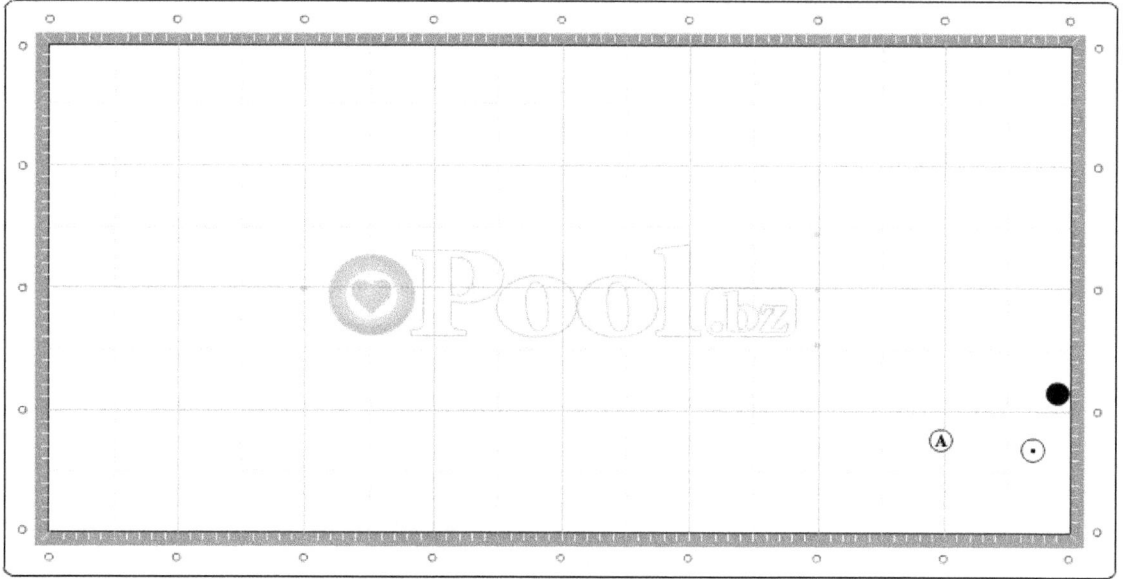

Notas e ideas:

Patrón de disparo

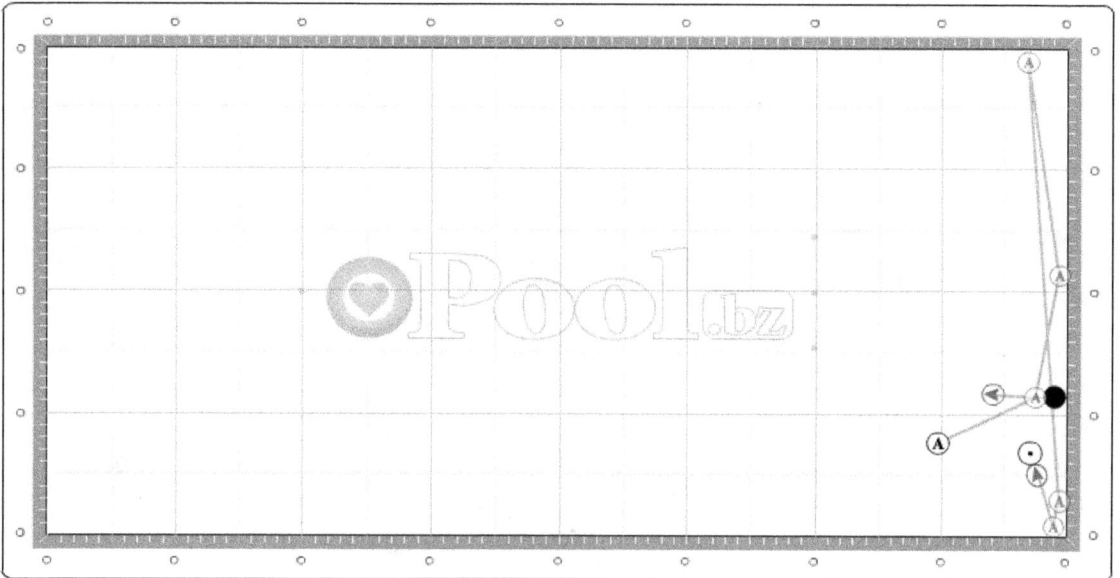

B:3c – Preparar

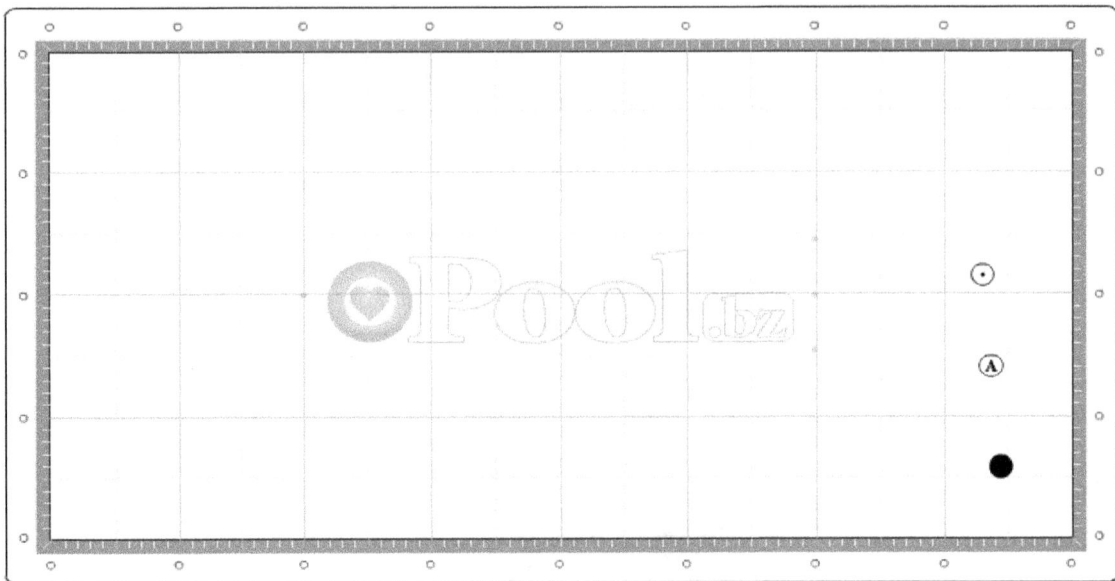

Notas e ideas:

Patrón de disparo

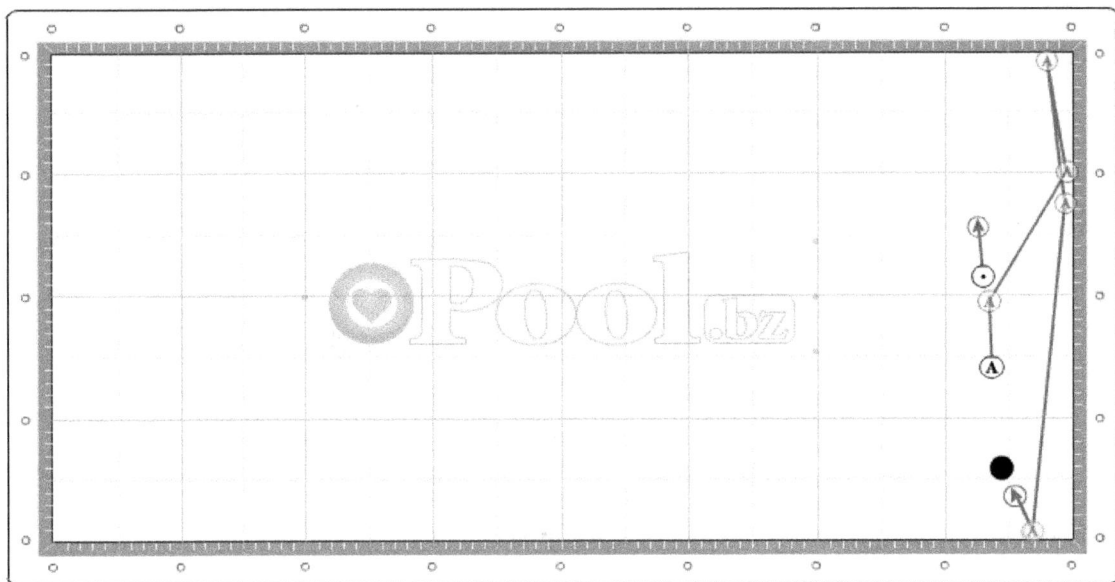

B:3d – Preparar

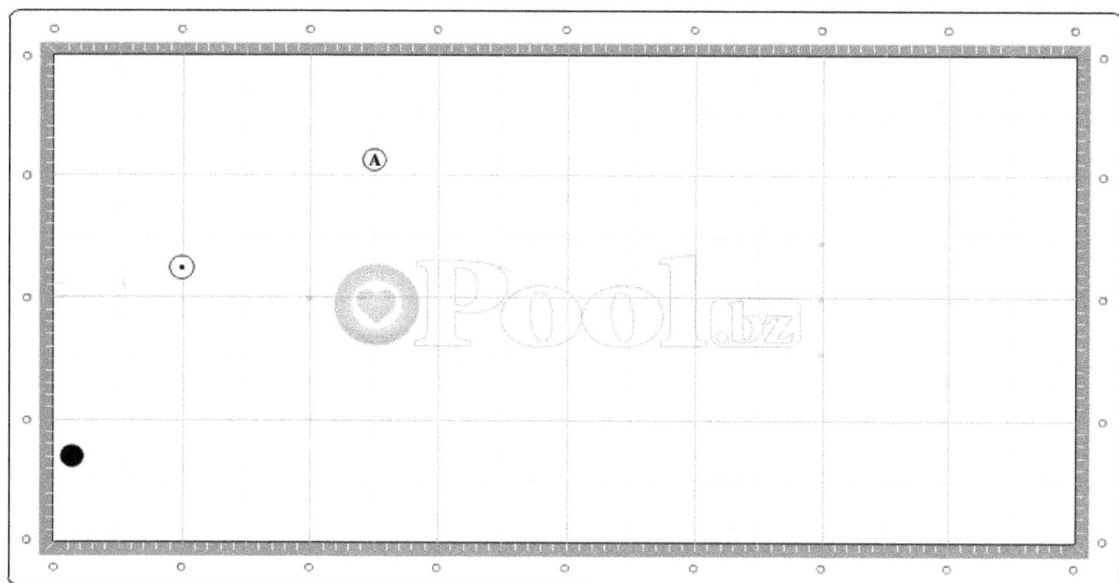

Notas e ideas:

Patrón de disparo

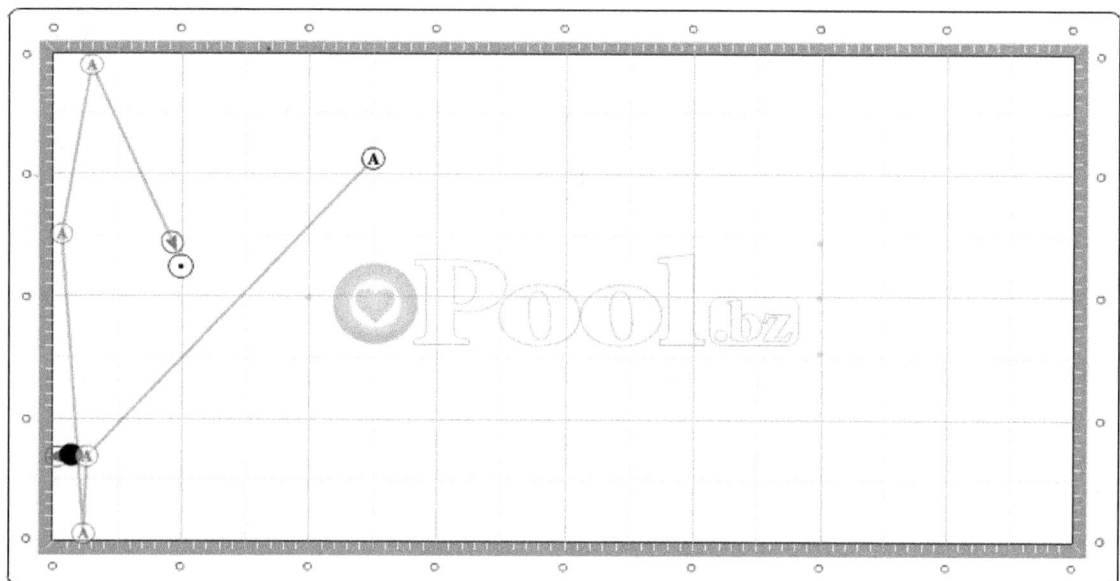

B: Grupo 4

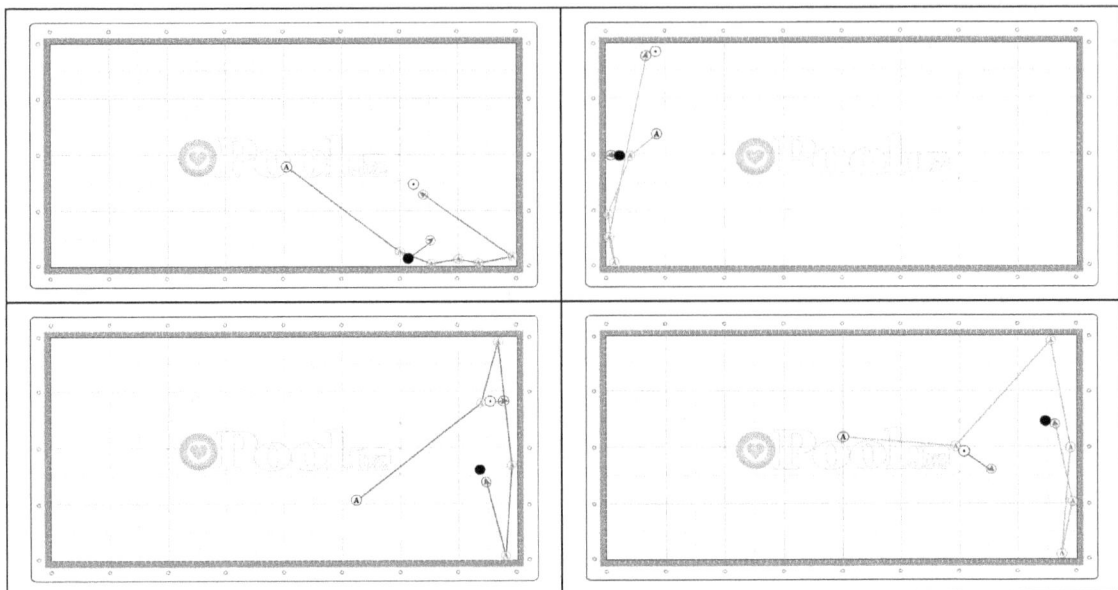

Análisis:

B:4a. _____

B:4b. _____

B:4c. _____

B:4d. _____

B:4a – Preparar

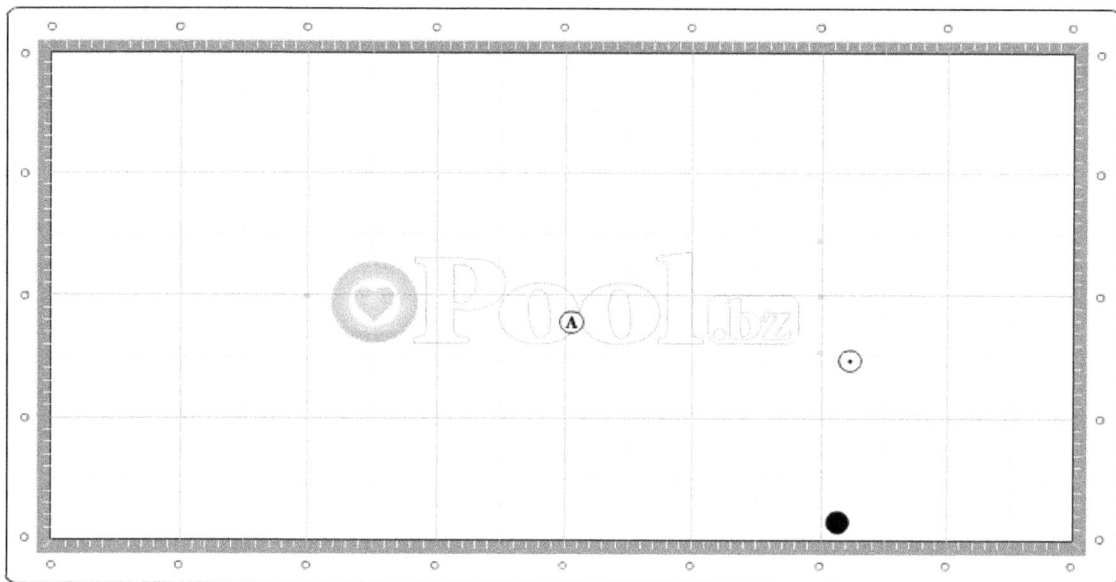

Notas e ideas:

Patrón de disparo

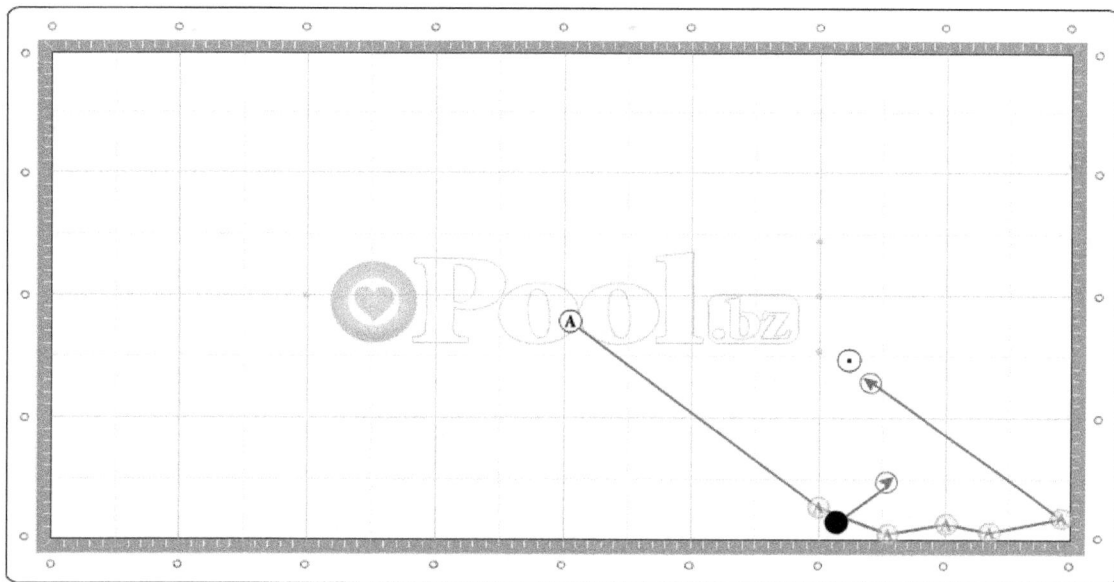

B:4b – Preparar

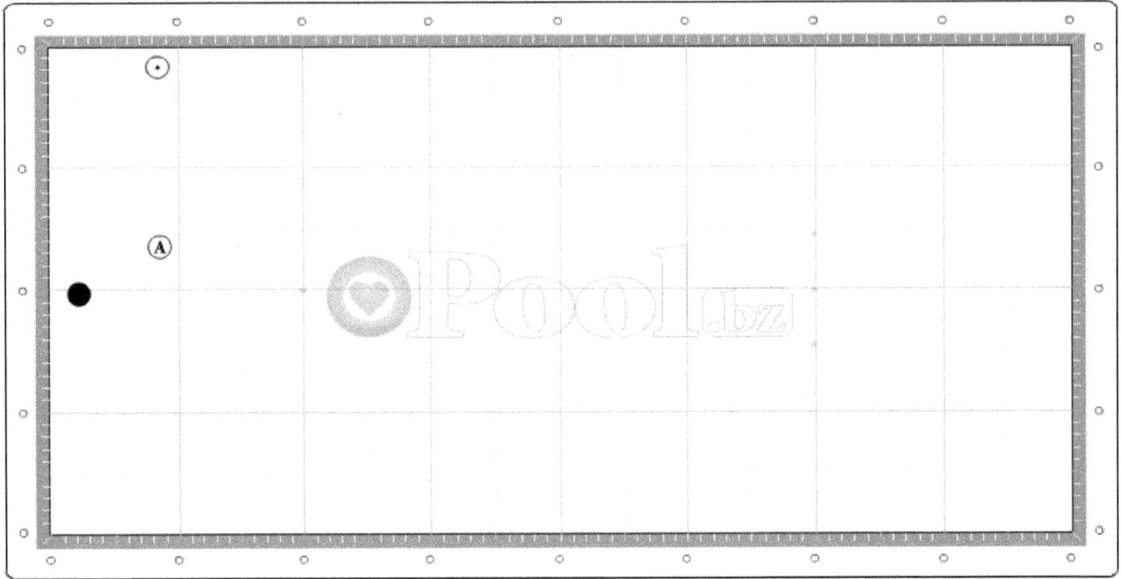

Notas e ideas:

Patrón de disparo

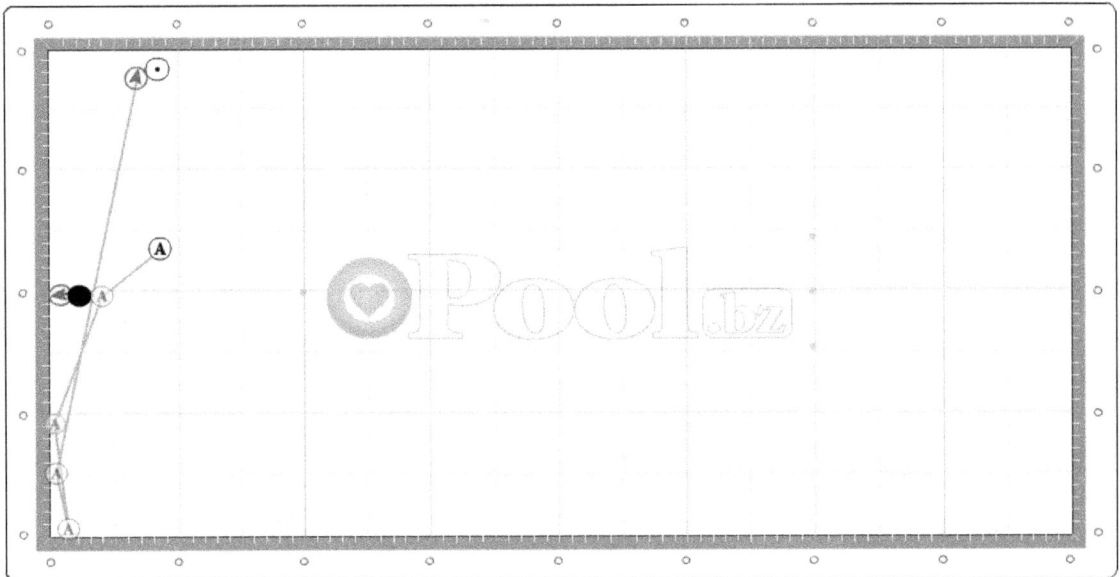

B:4c – Preparar

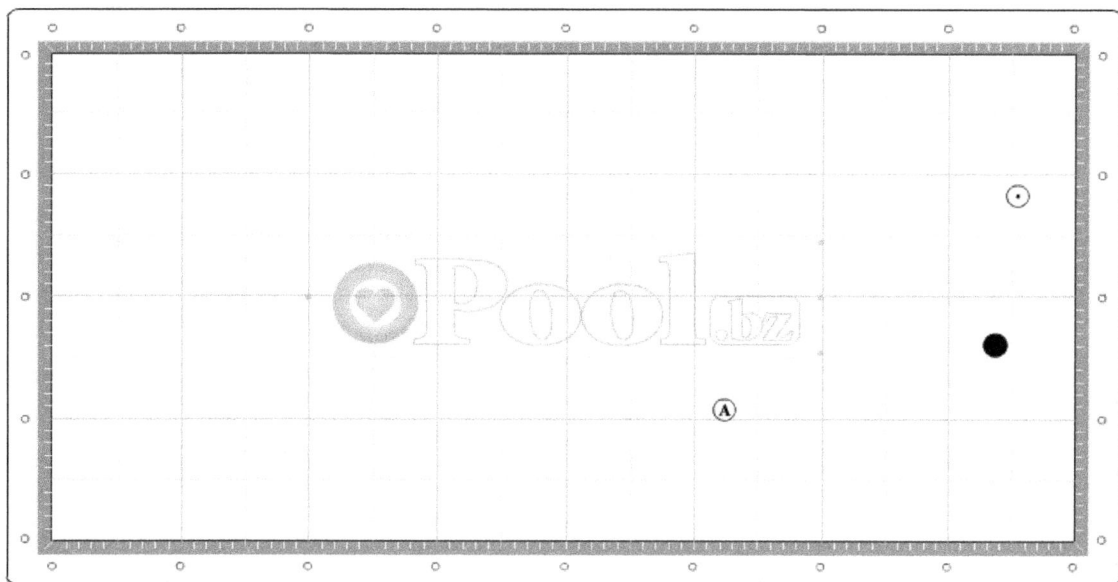

Notas e ideas:

Patrón de disparo

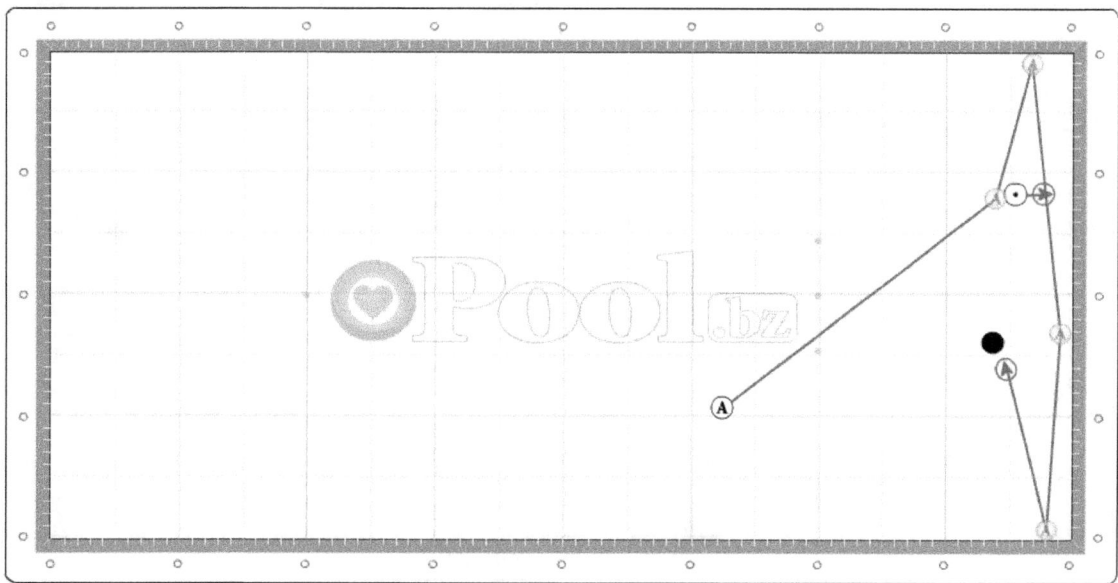

B:4d – Preparar

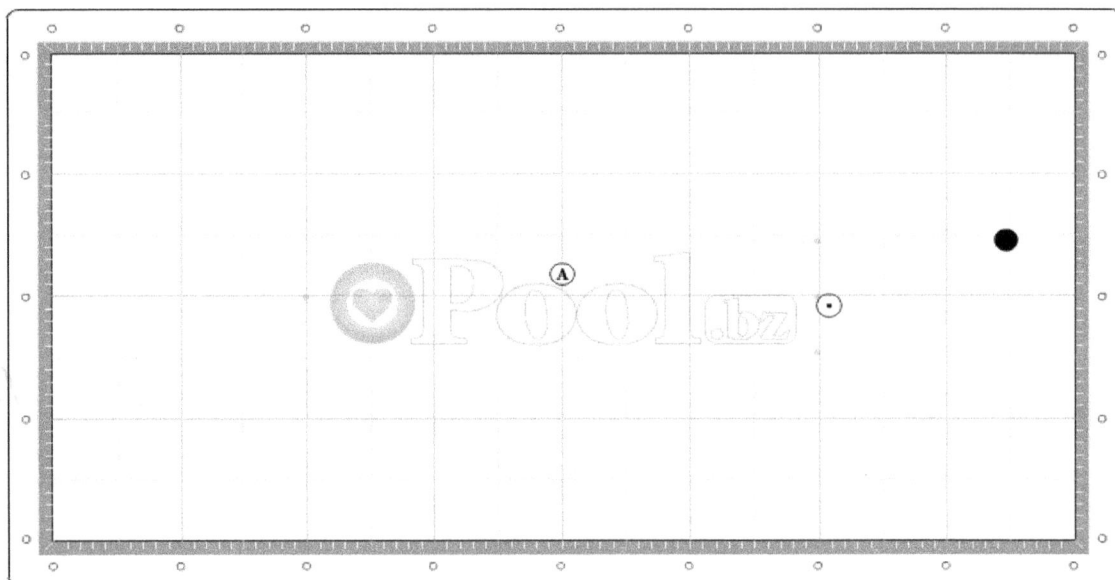

Notas e ideas:

Patrón de disparo

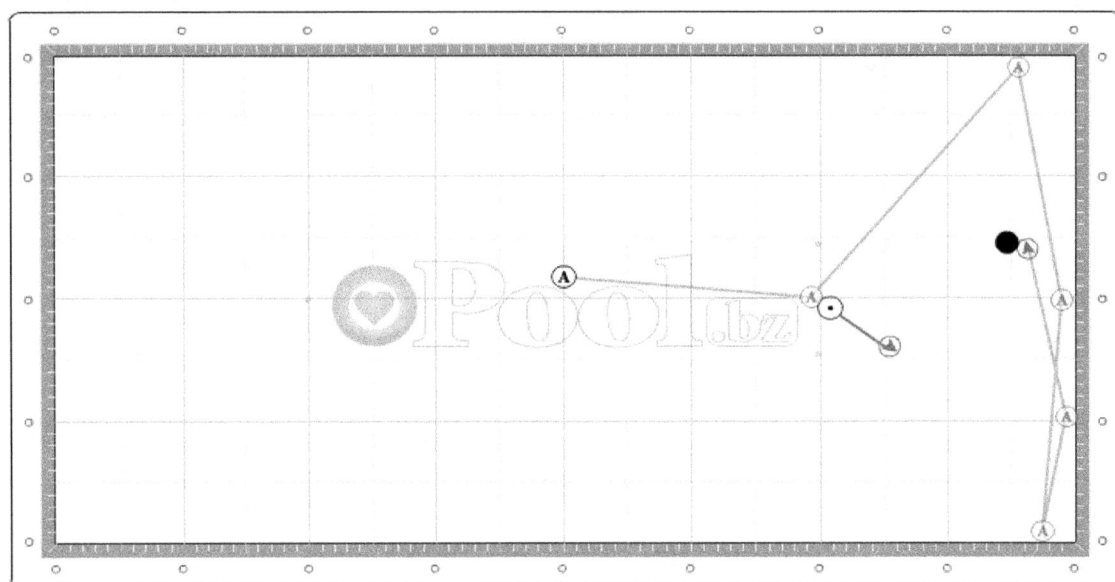

C: Zigging y zagging

El (CB) tiene que viajar de un bando a otro, de bando a bando, muchas veces. Estos son muy divertidos de experimentar.

Ⓐ (CB) (su bola de billar) - ☉ (OB) (bola de billar oponente) - ⬤ (OB) (bola de billar roja)

C: Grupo 1

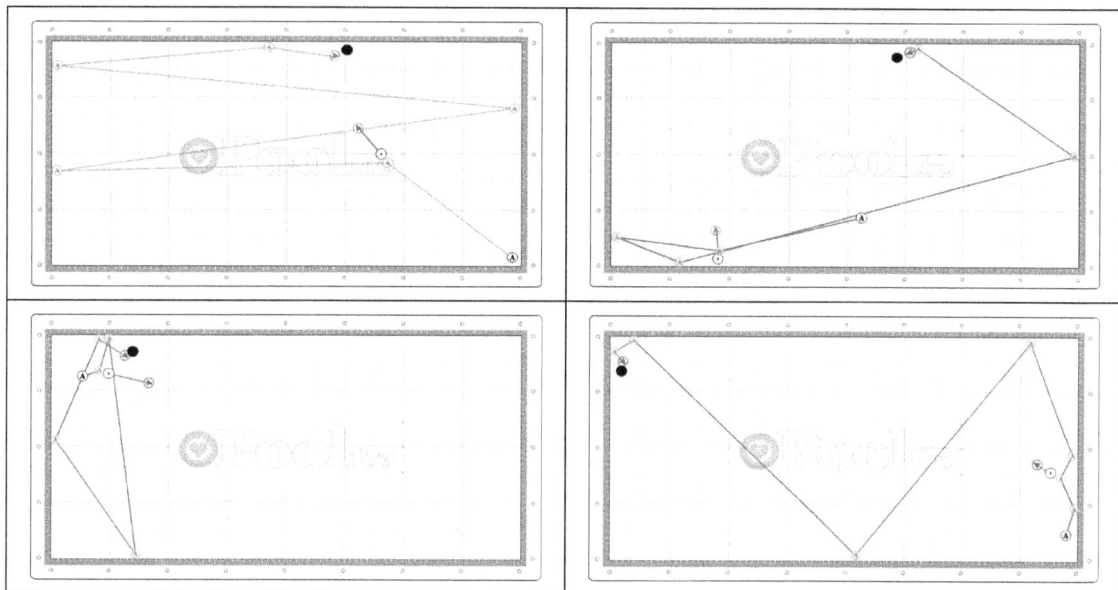

Análisis:

C:1a. _____

C:1b. _____

C:1c. _____

C:1d. _____

C:1a – Preparar

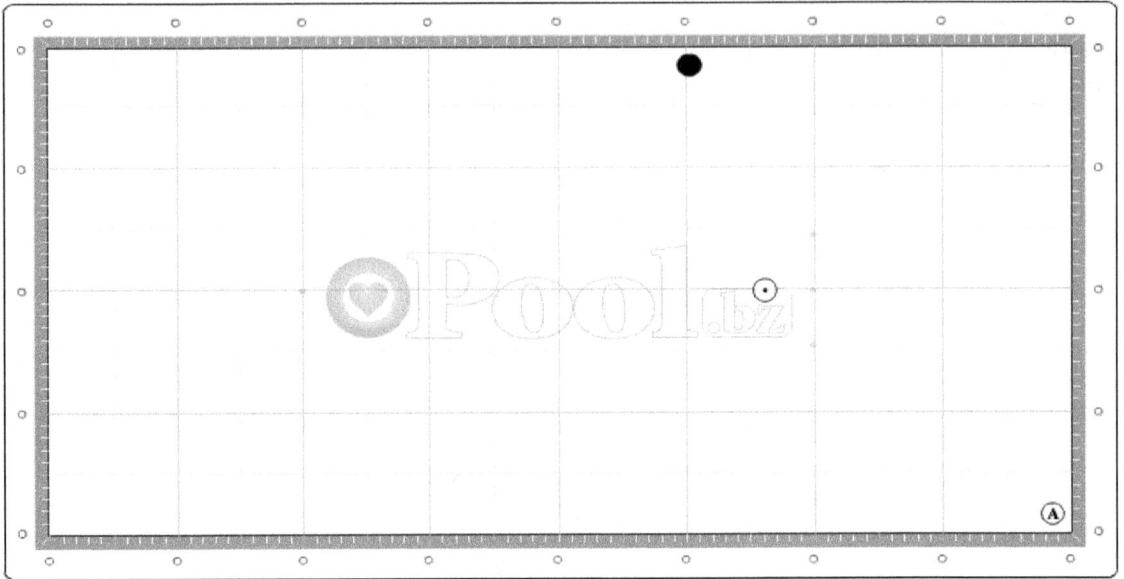

Notas e ideas:

Patrón de disparo

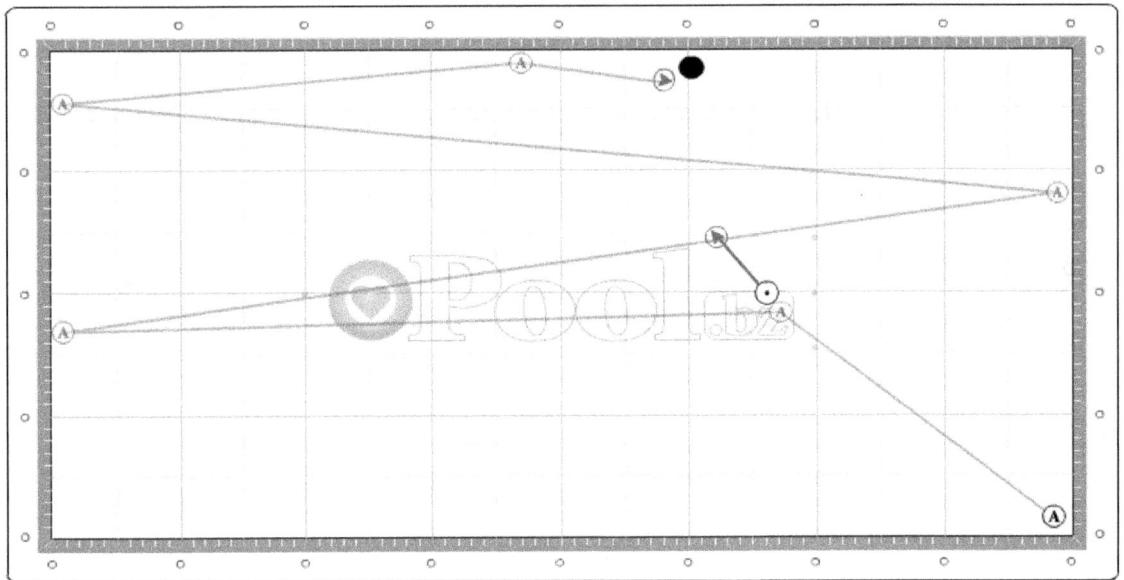

C:1b – Preparar

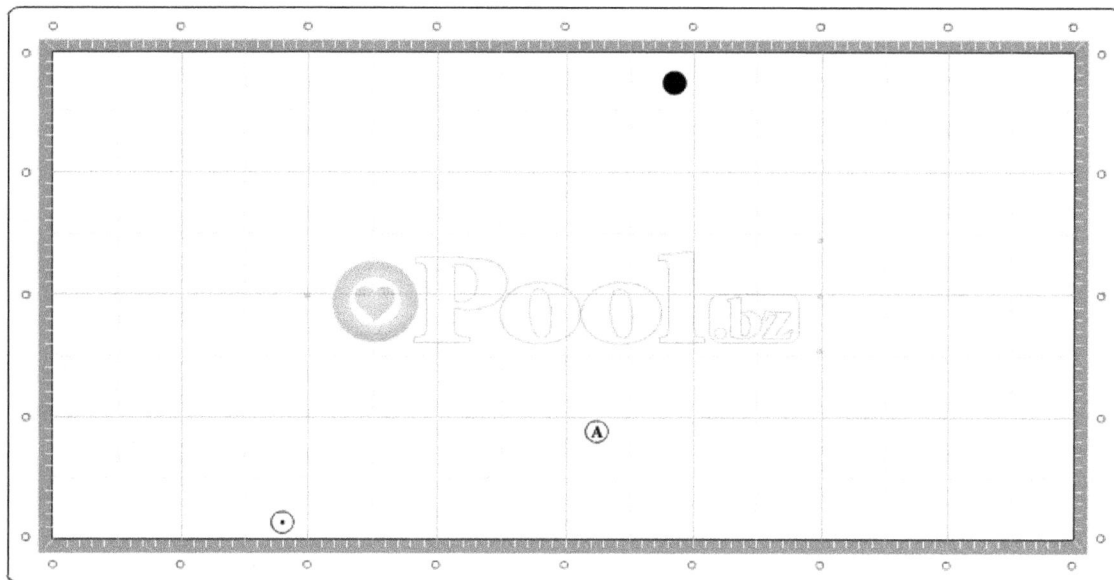

Notas e ideas:

Patrón de disparo

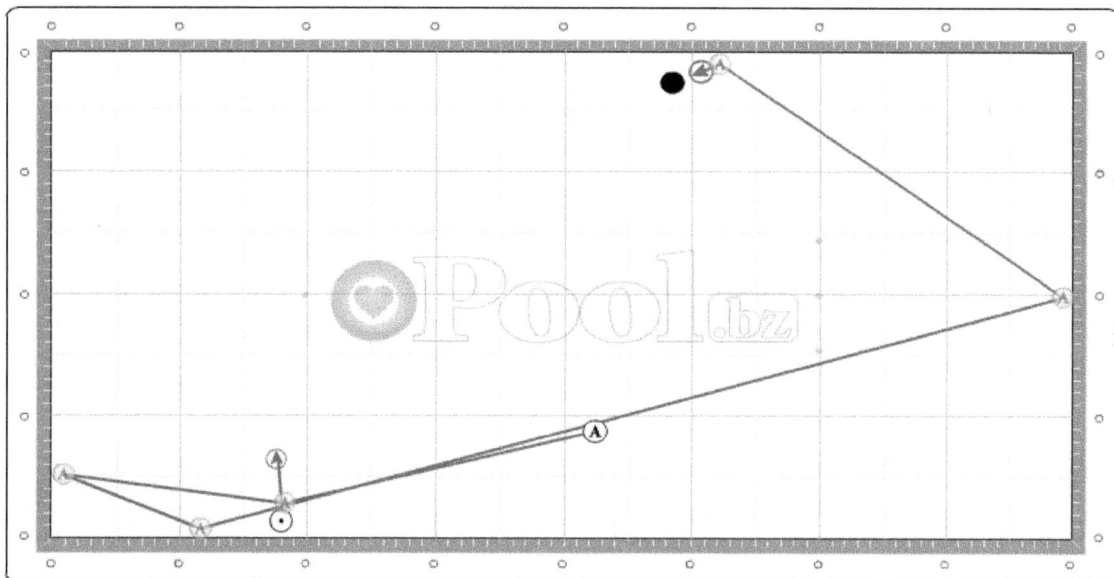

C:1c – Preparar

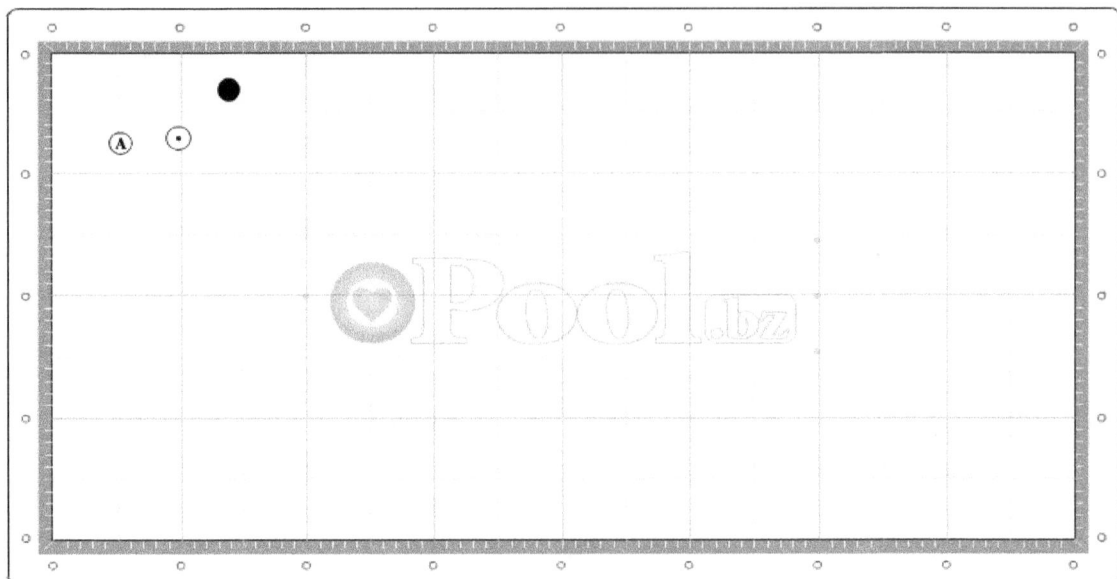

Notas e ideas:

Patrón de disparo

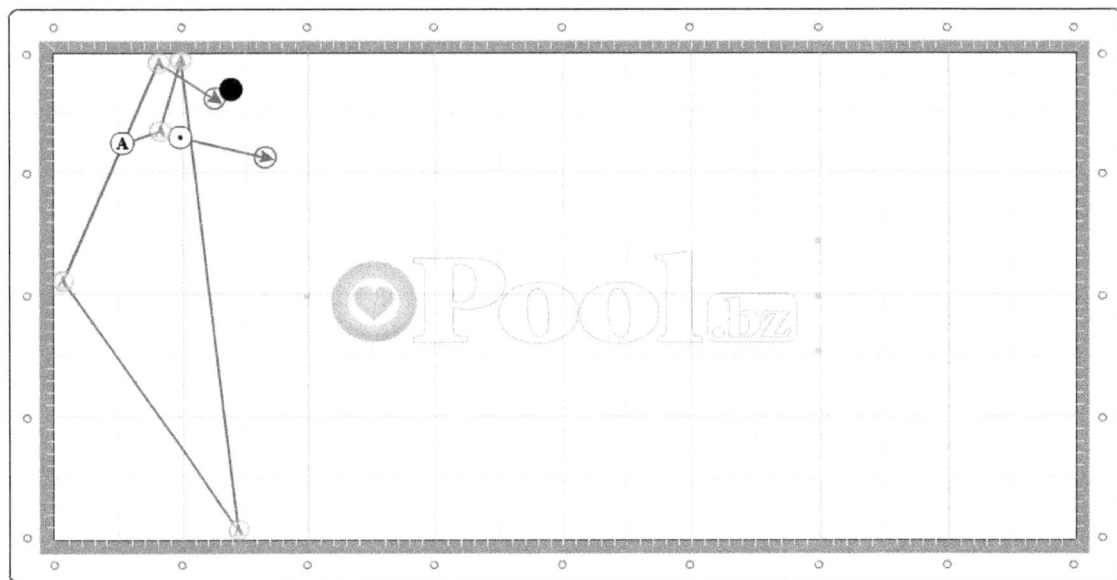

C:1d – Preparar

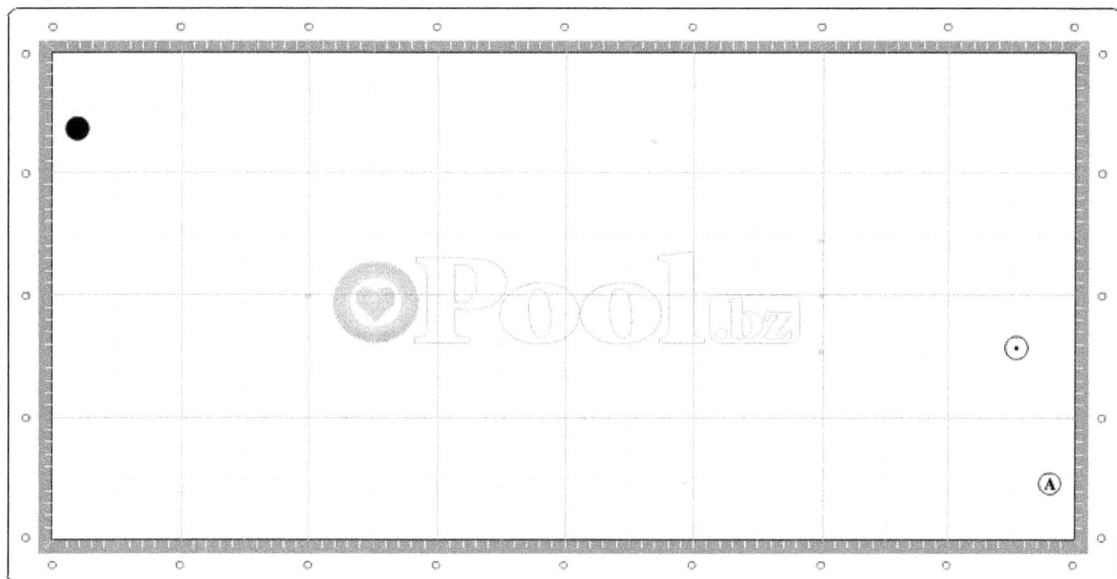

Notas e ideas:

Patrón de disparo

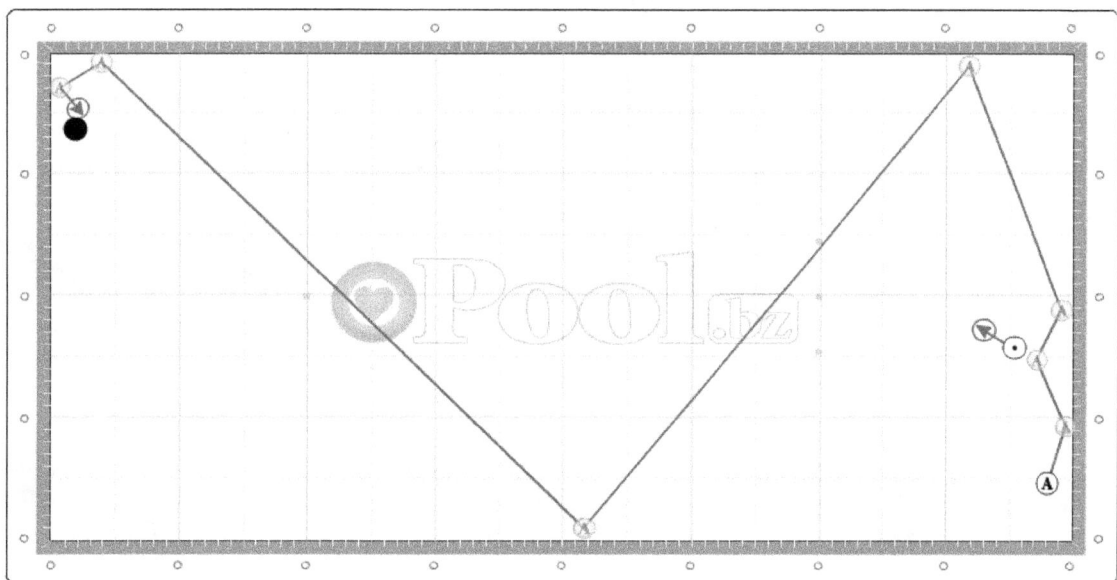

C: Grupo 2

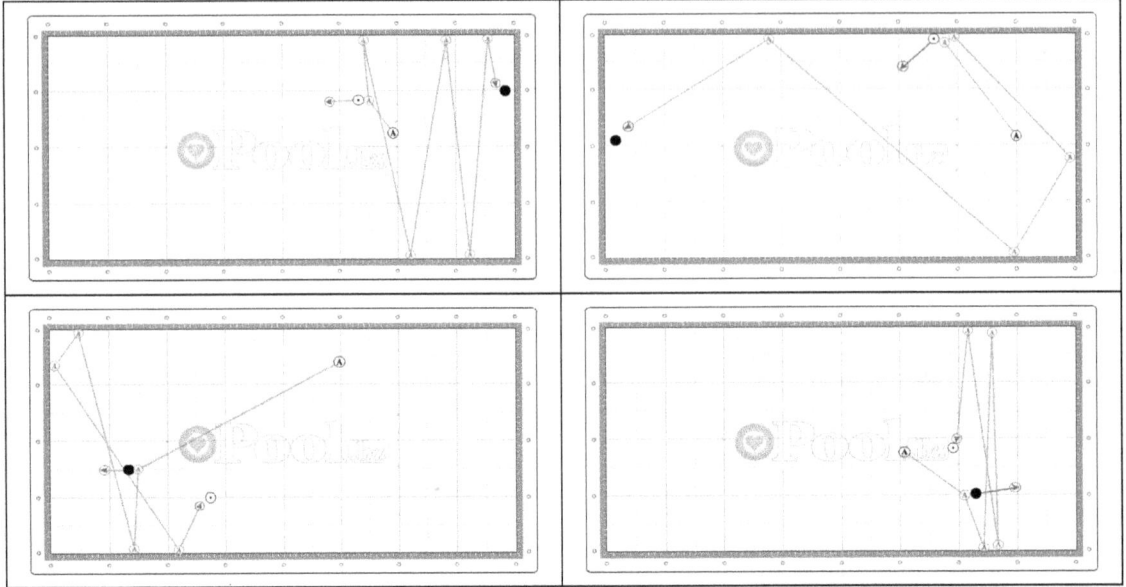

Análisis:

C:2a. _____

C:2b. _____

C:2c. _____

C:2d. _____

C:2a – Preparar

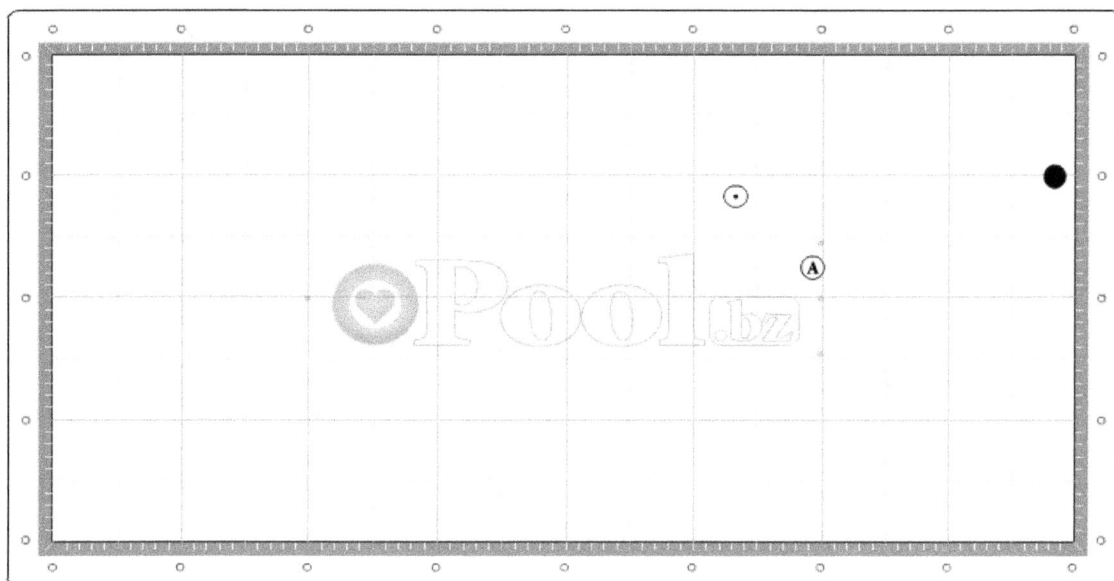

Notas e ideas:

Patrón de disparo

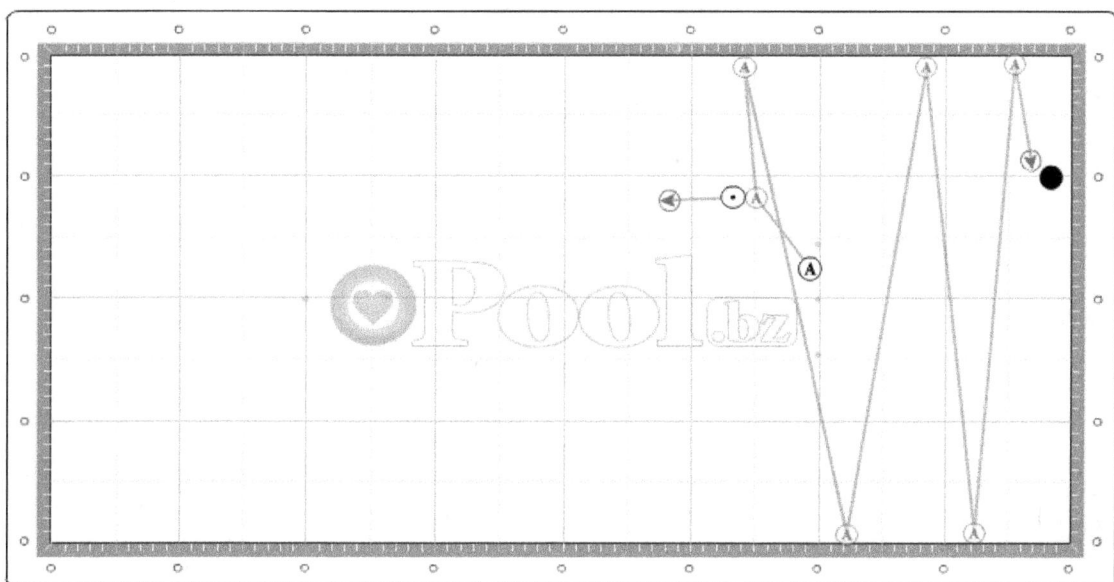

C:2b – Preparar

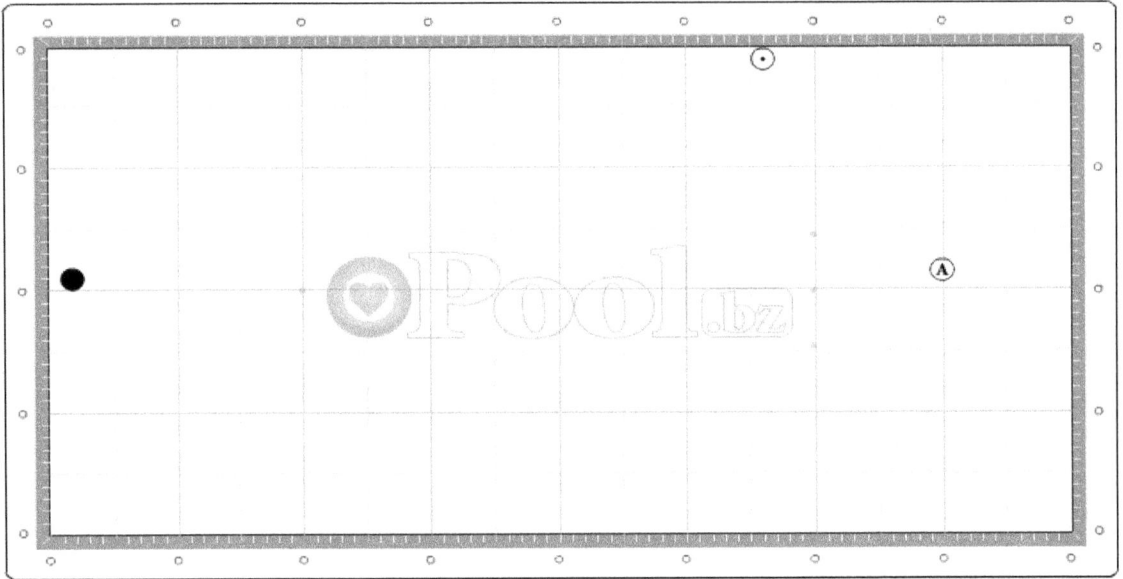

Notas e ideas:

Patrón de disparo

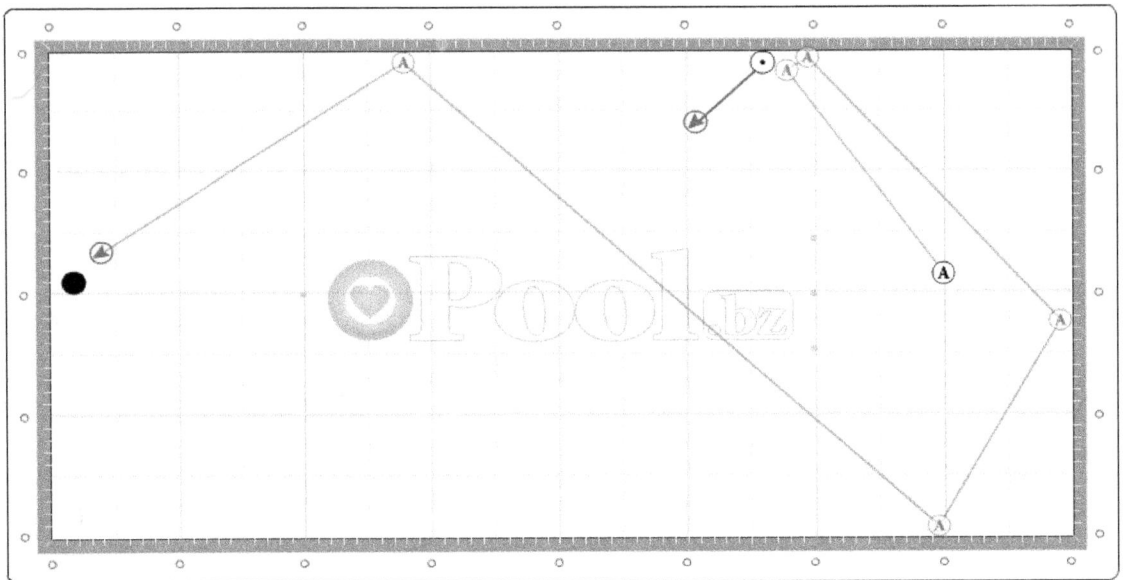

C:2c – Preparar

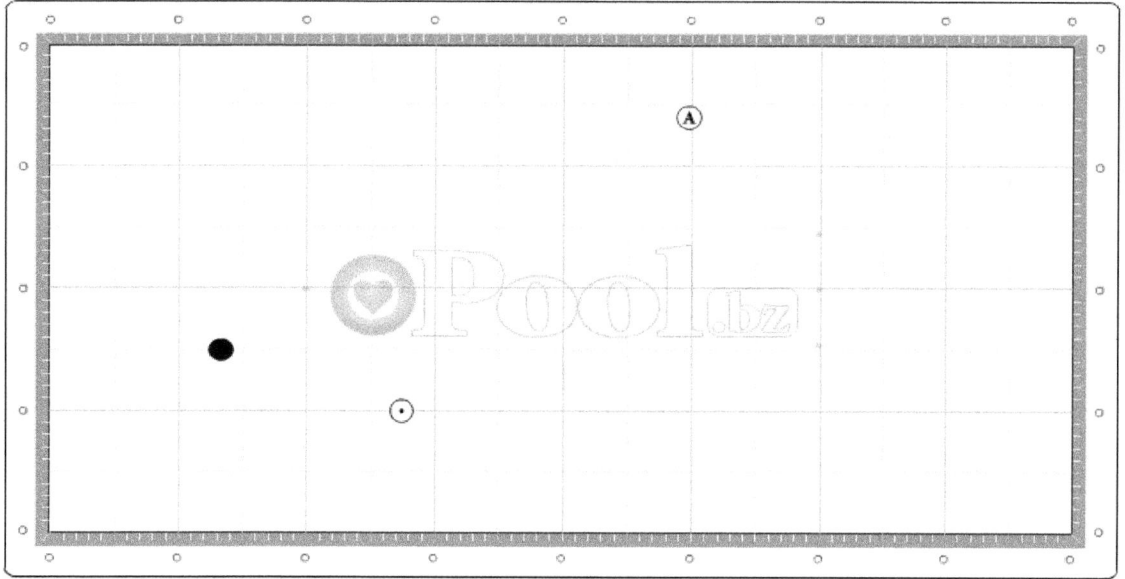

Notas e ideas:

Patrón de disparo

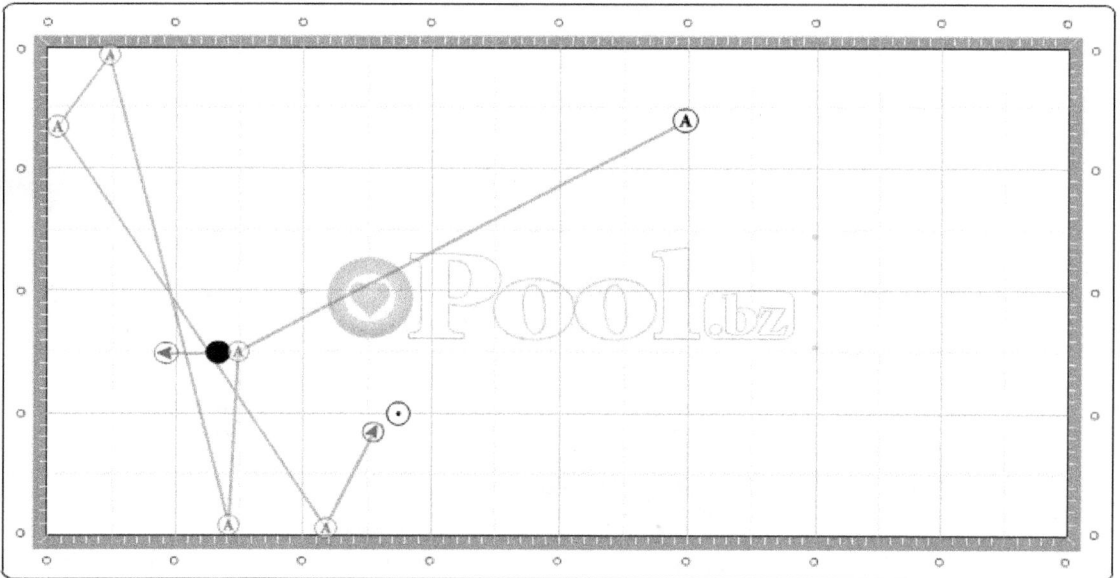

C:2d – Preparar

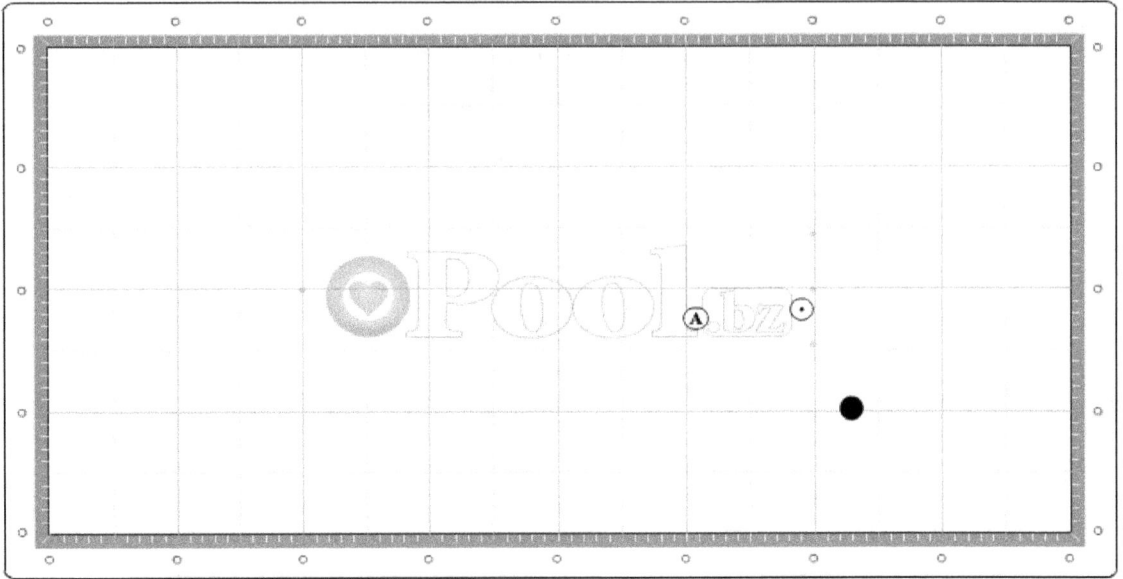

Notas e ideas:

Patrón de disparo

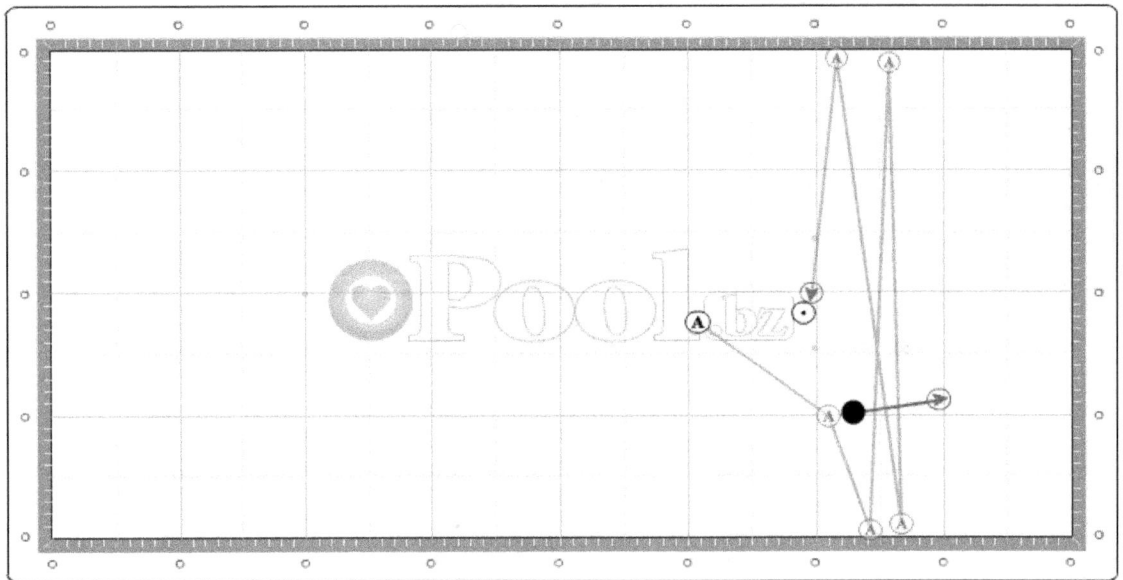

D: Muchos y muchos bandos extra

El (CB) viaja alrededor de muchos, muchos bandos.

Ⓐ (CB) (su bola de billar) - ⊙ (OB) (bola de billar oponente) - ⬤ (OB) (bola de billar roja)

D: Grupo 1

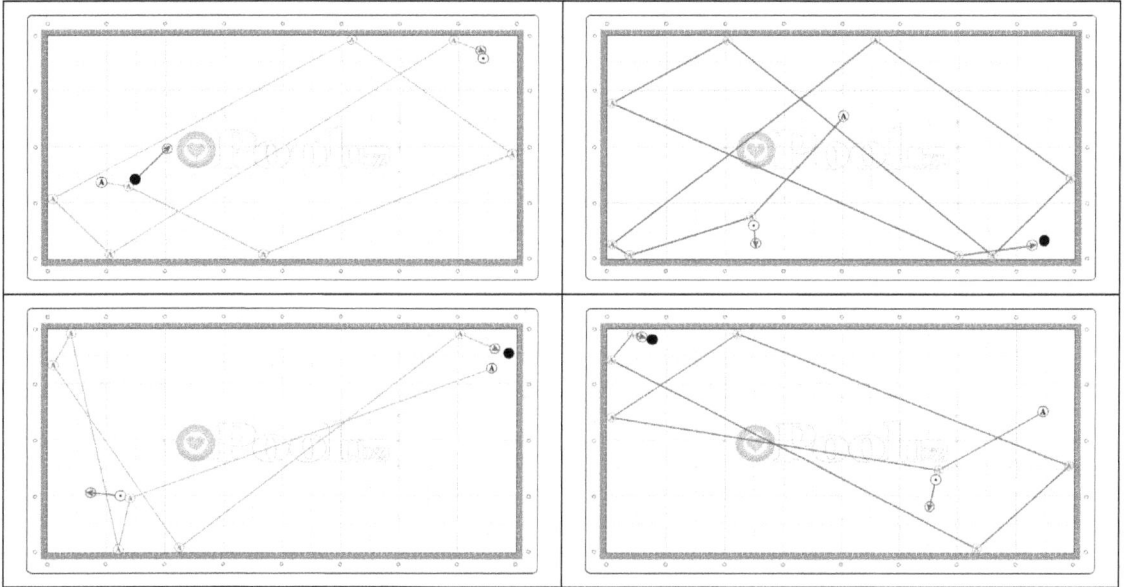

Análisis:

D:1a. _____

D:1b. _____

D:1c. _____

D:1d. _____

D:1a – Preparar

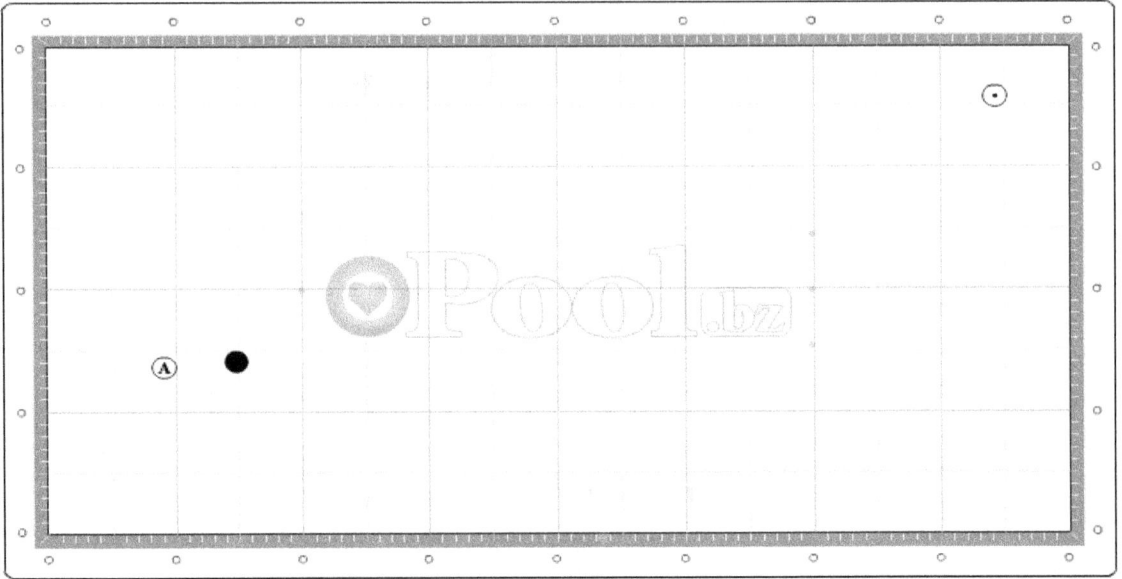

Notas e ideas:

Patrón de disparo

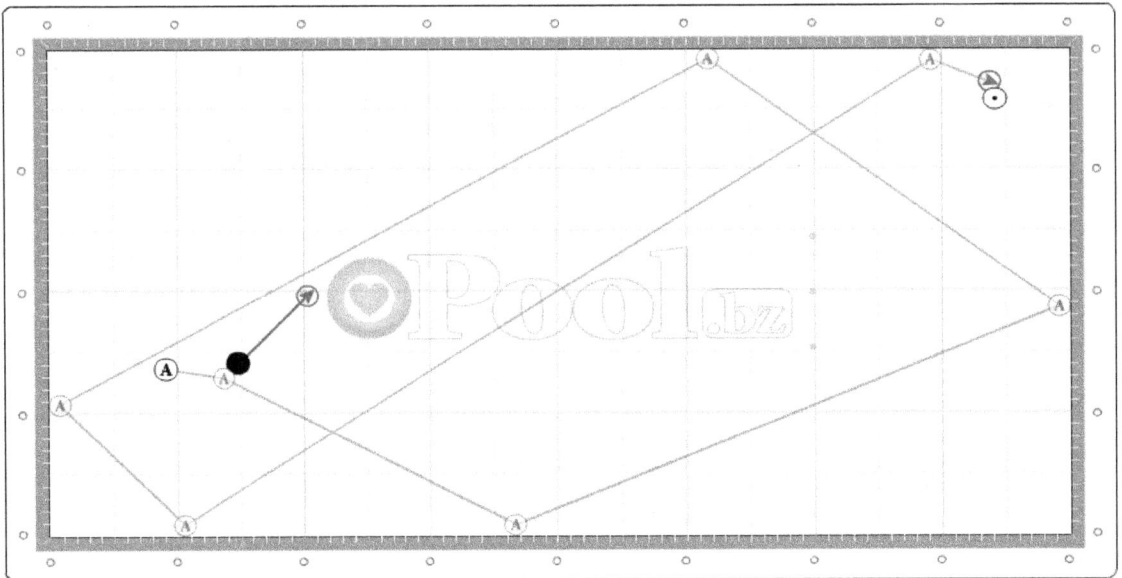

D:1b – Preparar

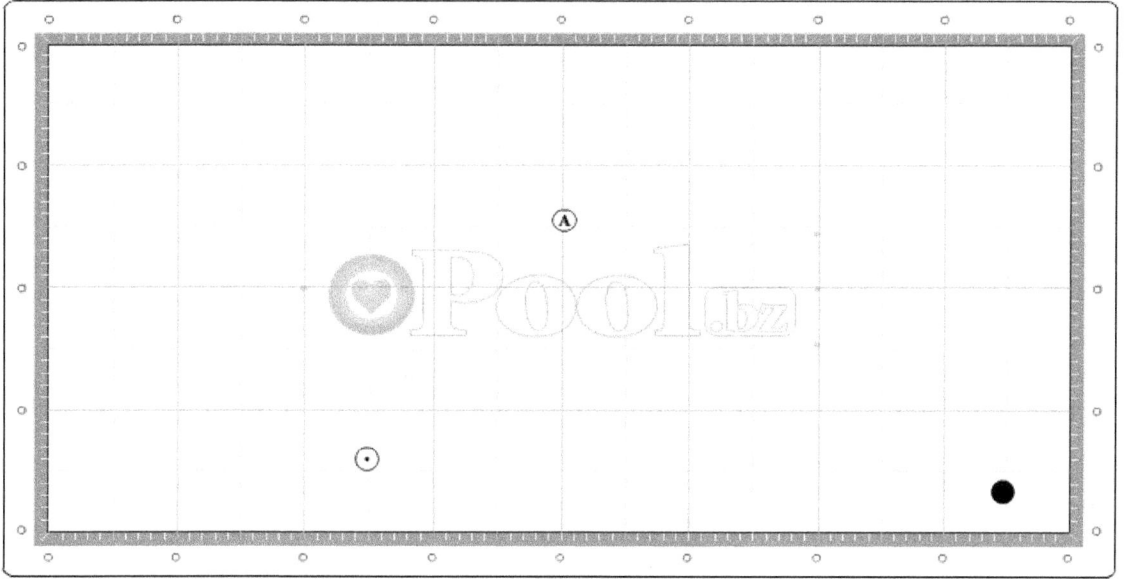

Notas e ideas:

Patrón de disparo

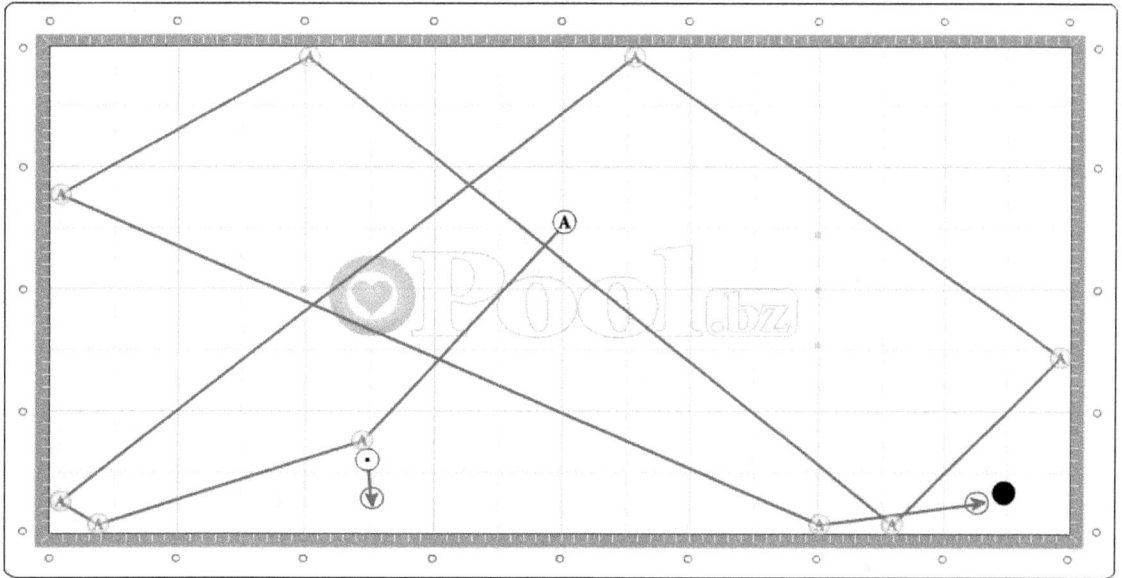

D:1c – Preparar

Notas e ideas:

Patrón de disparo

D:1d – Preparar

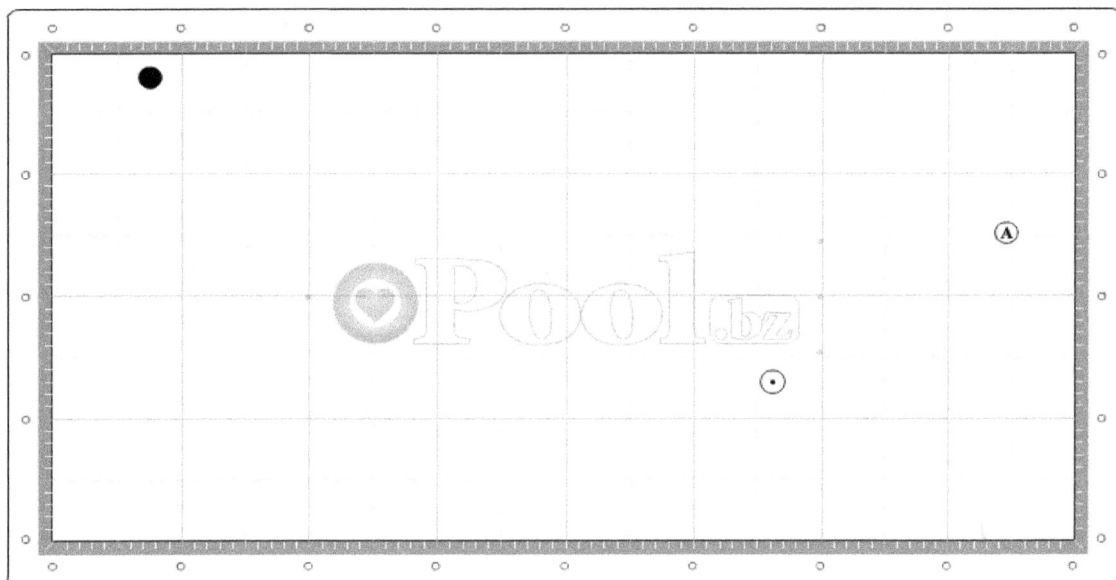

Notas e ideas:

Patrón de disparo

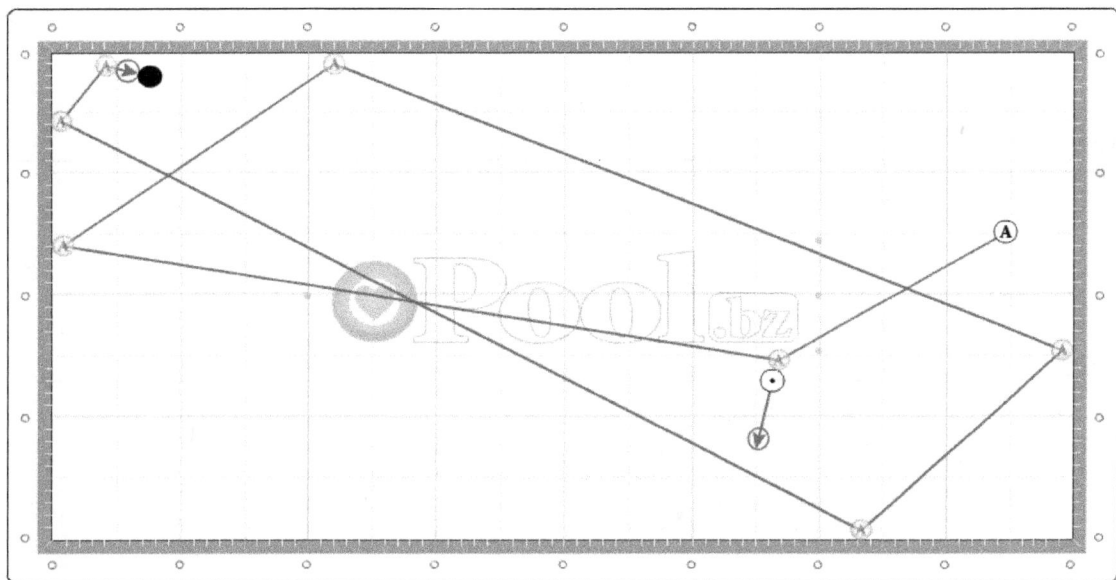

D: Grupo 2

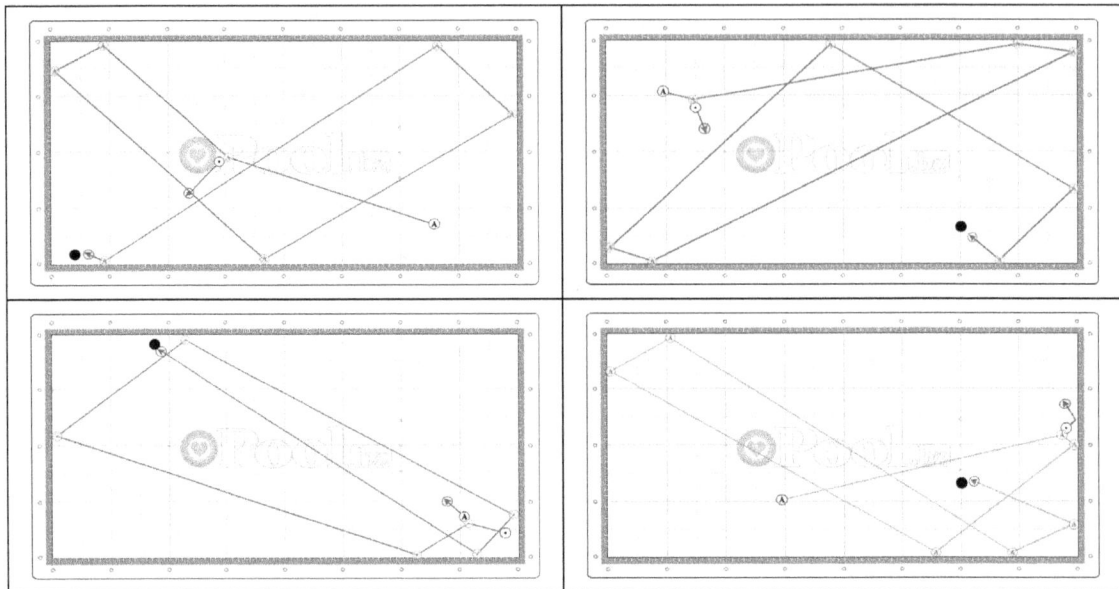

Análisis:

D:2a. _____

D:2b. _____

D:2c. _____

D:2d. _____

D:2a – Preparar

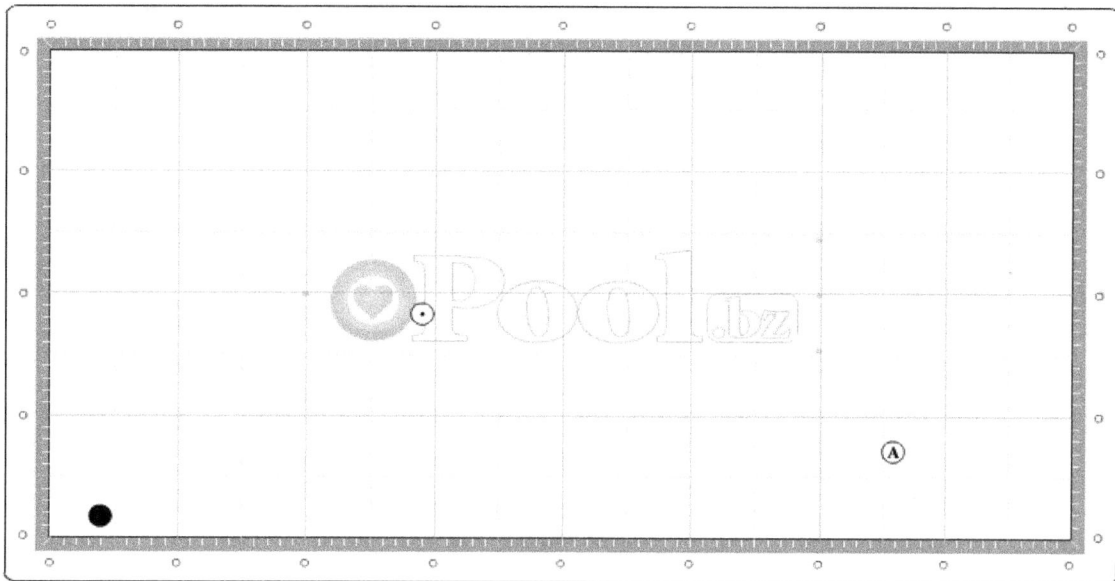

Notas e ideas:

Patrón de disparo

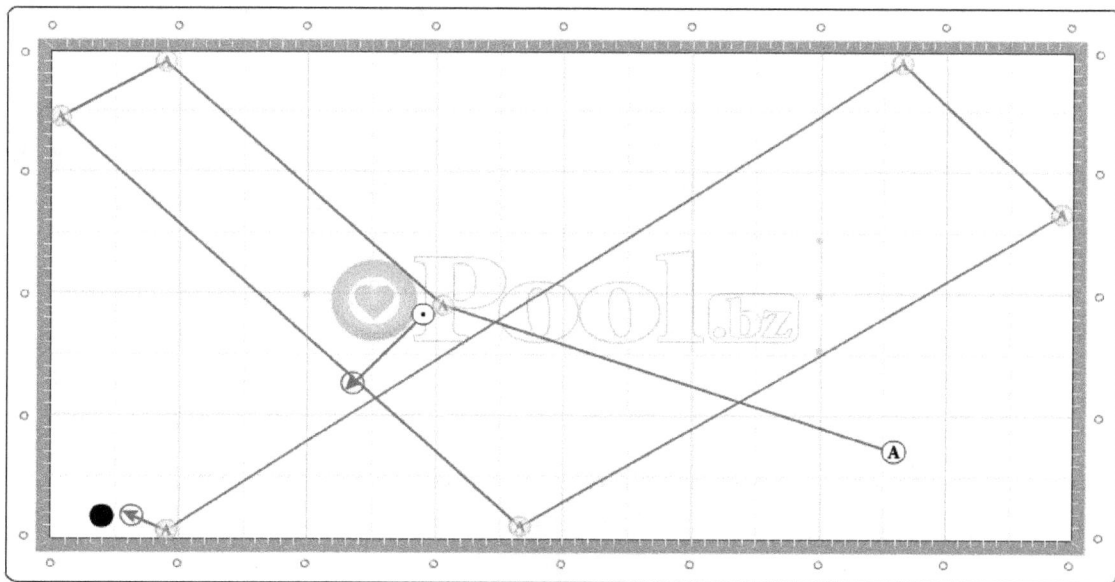

D:2b – Preparar

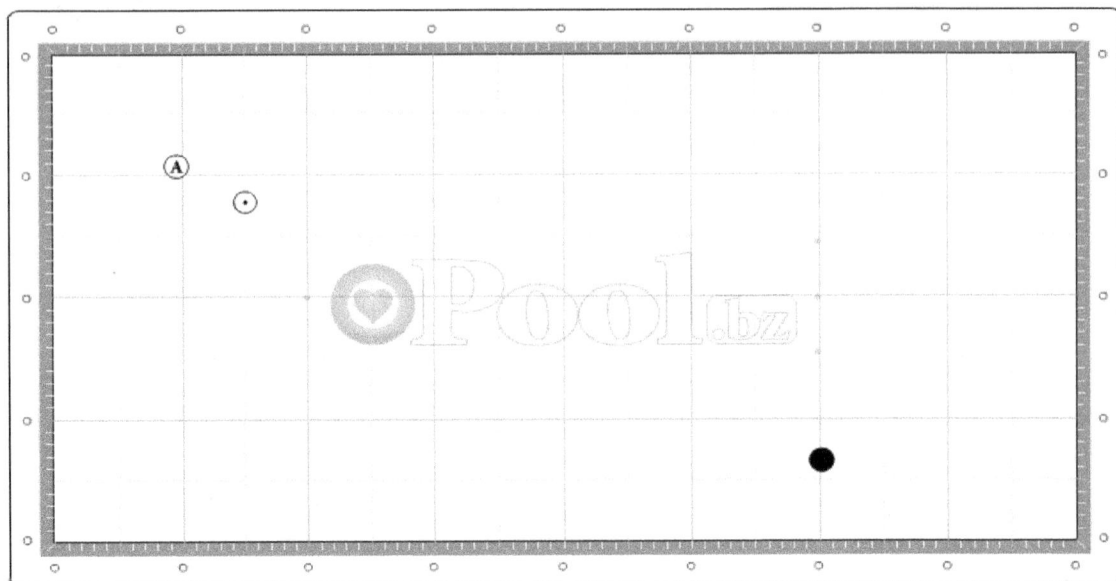

Notas e ideas:

Patrón de disparo

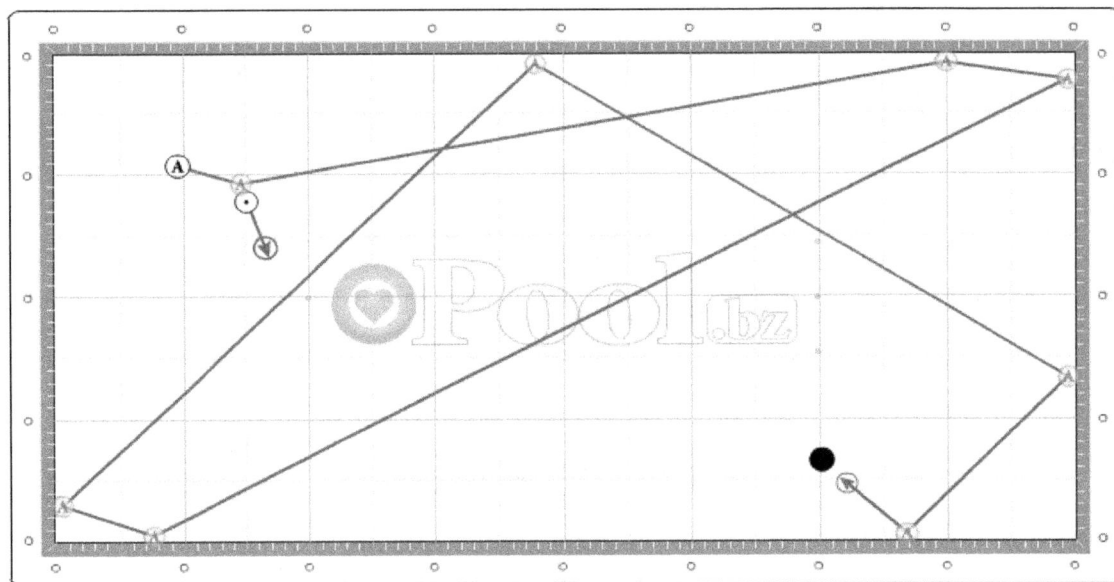

D:2c – Preparar

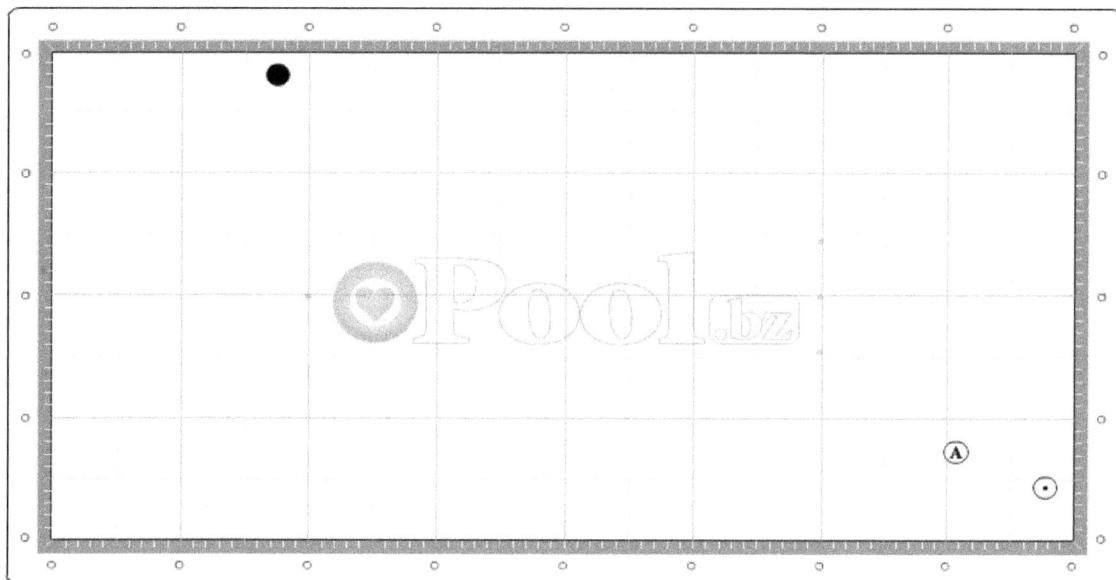

Notas e ideas:

Patrón de disparo

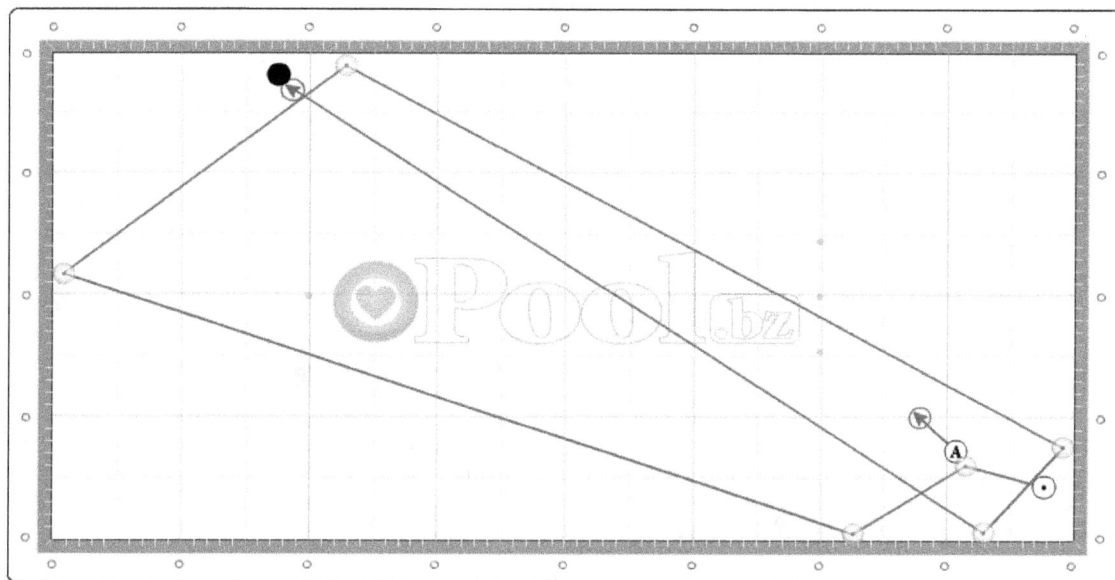

D:2d – Preparar

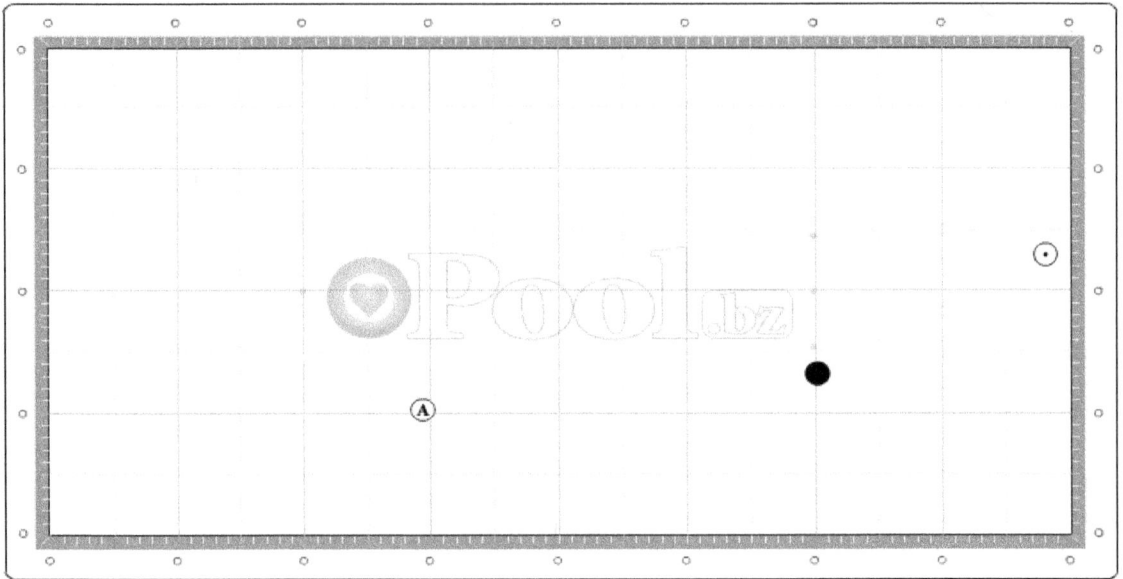

Notas e ideas:

Patrón de disparo

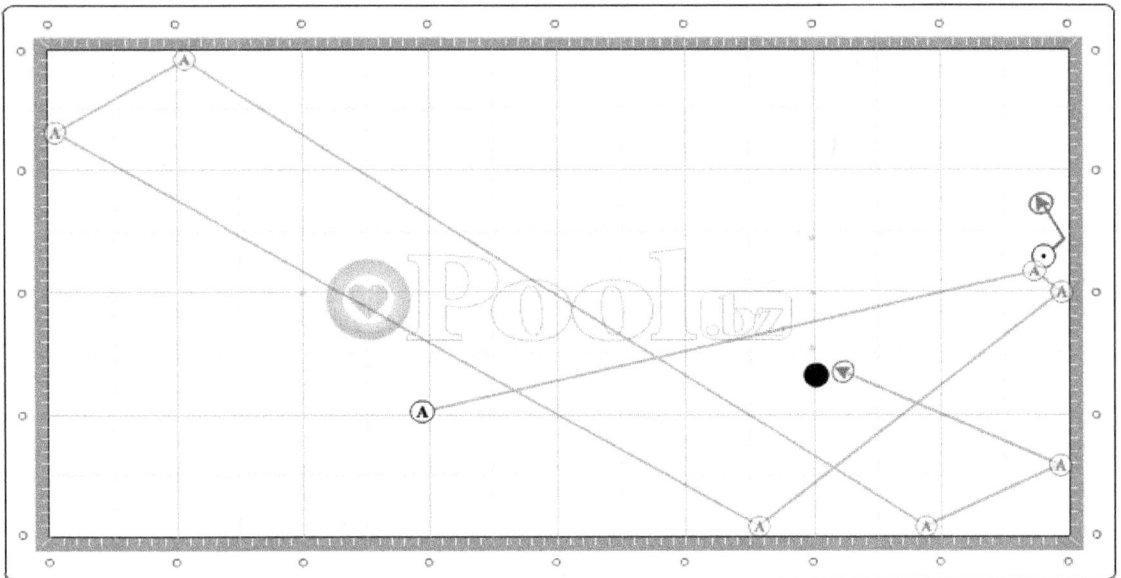

D: Grupo 3

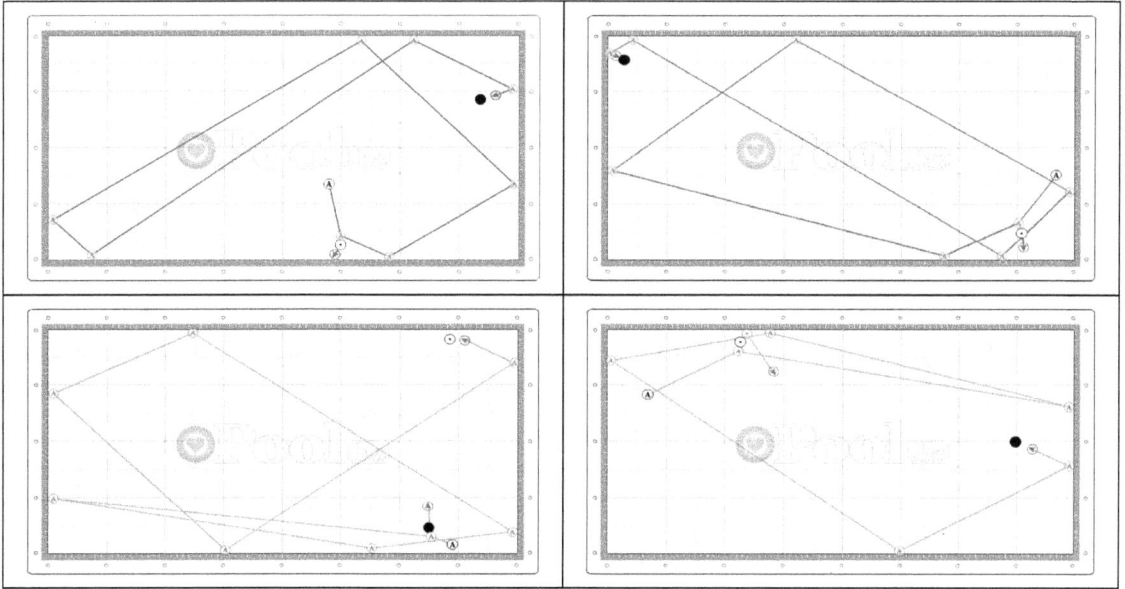

Análisis:

D:3a. _____

D:3b. _____

D:3c. _____

D:3d. _____

D:3a – Preparar

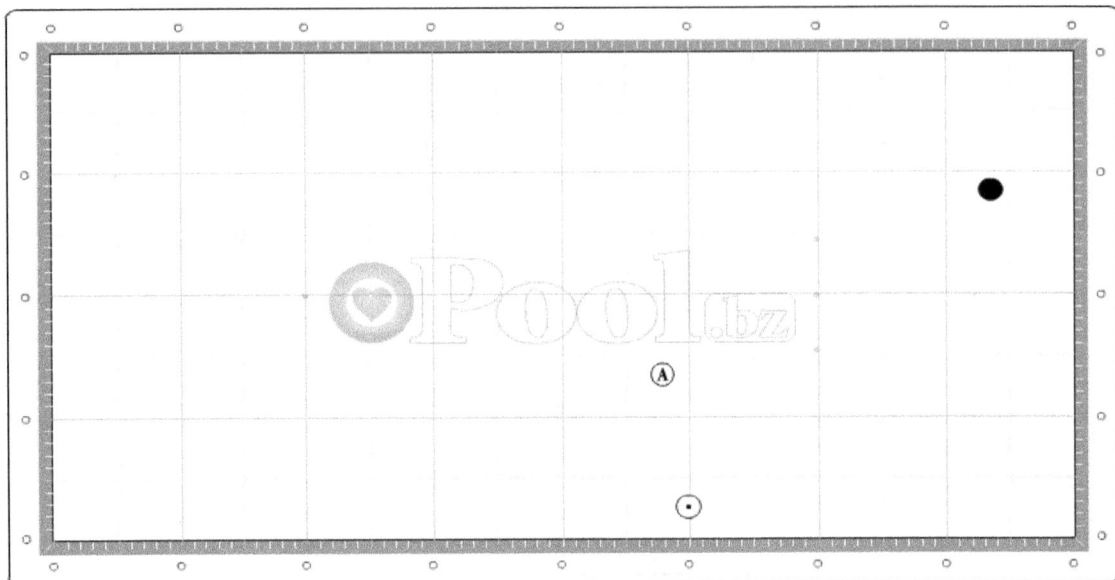

Notas e ideas:

Patrón de disparo

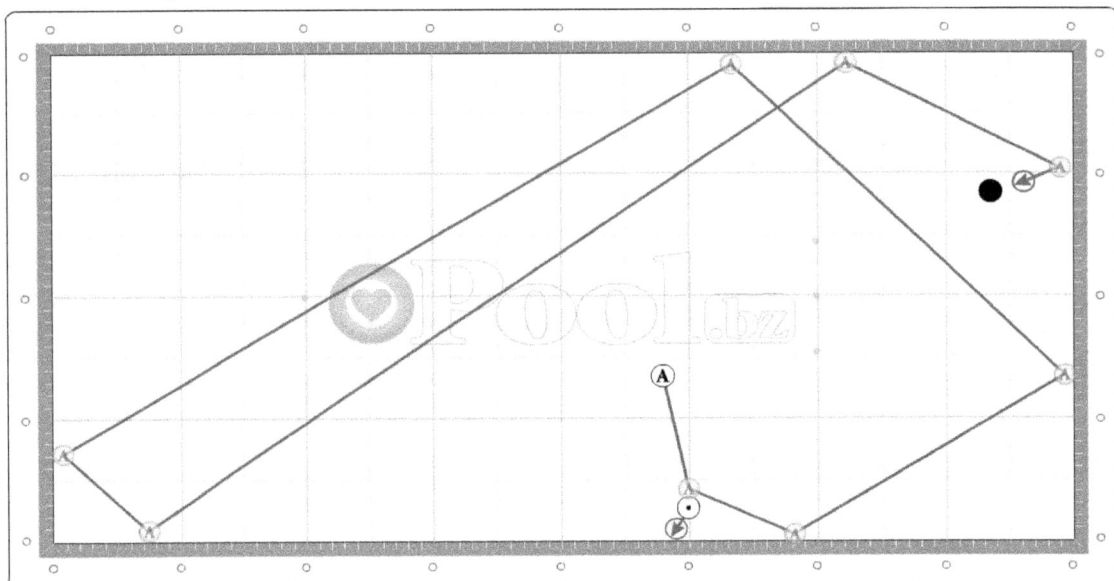

D:3b – Preparar

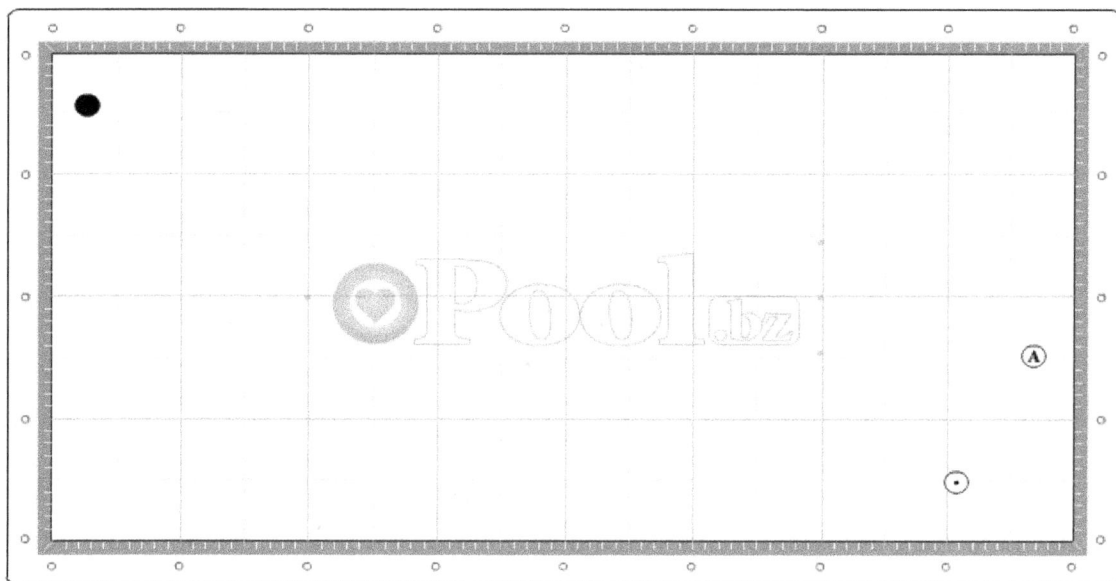

Notas e ideas:

Patrón de disparo

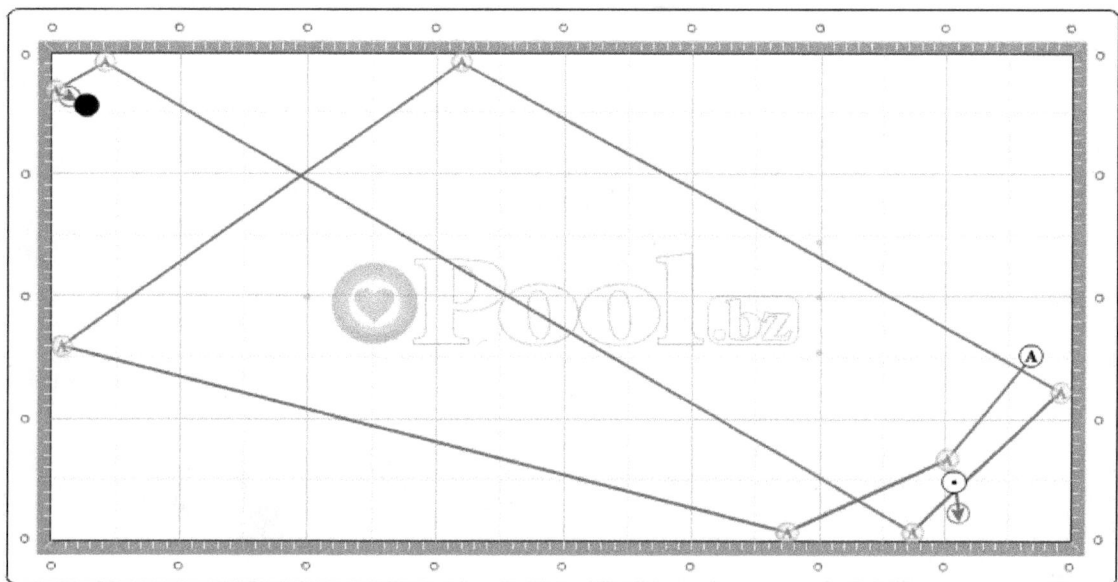

D:3c – Preparar

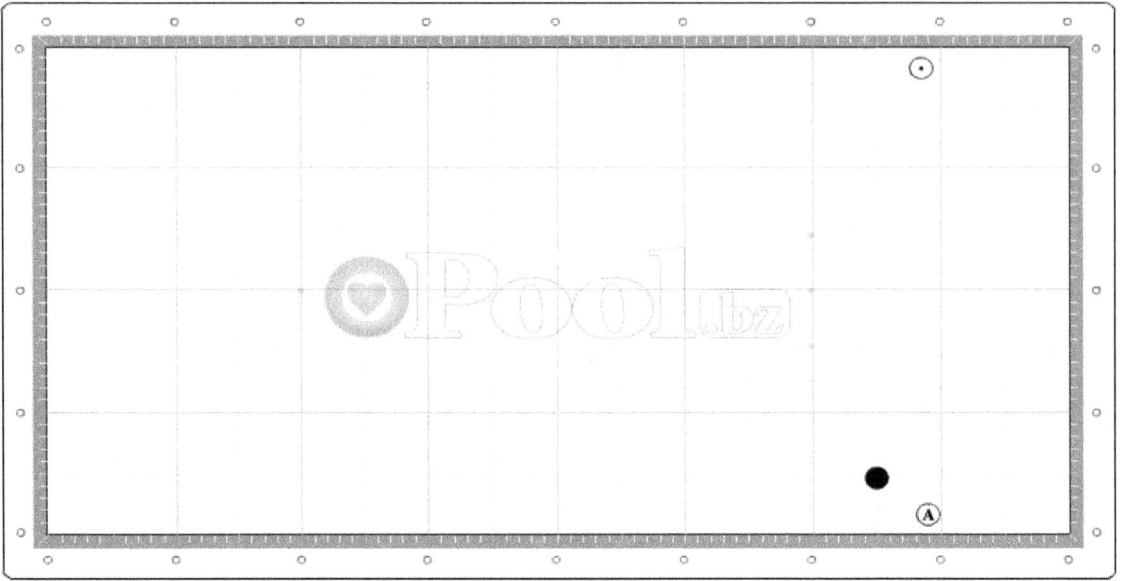

Notas e ideas:

Patrón de disparo

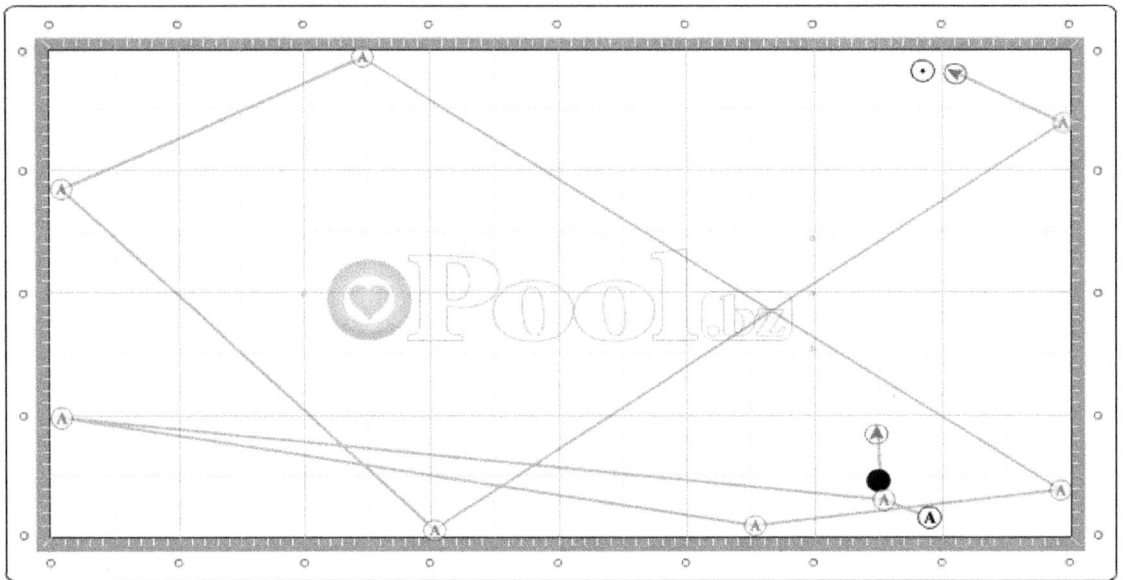

D:3d – Preparar

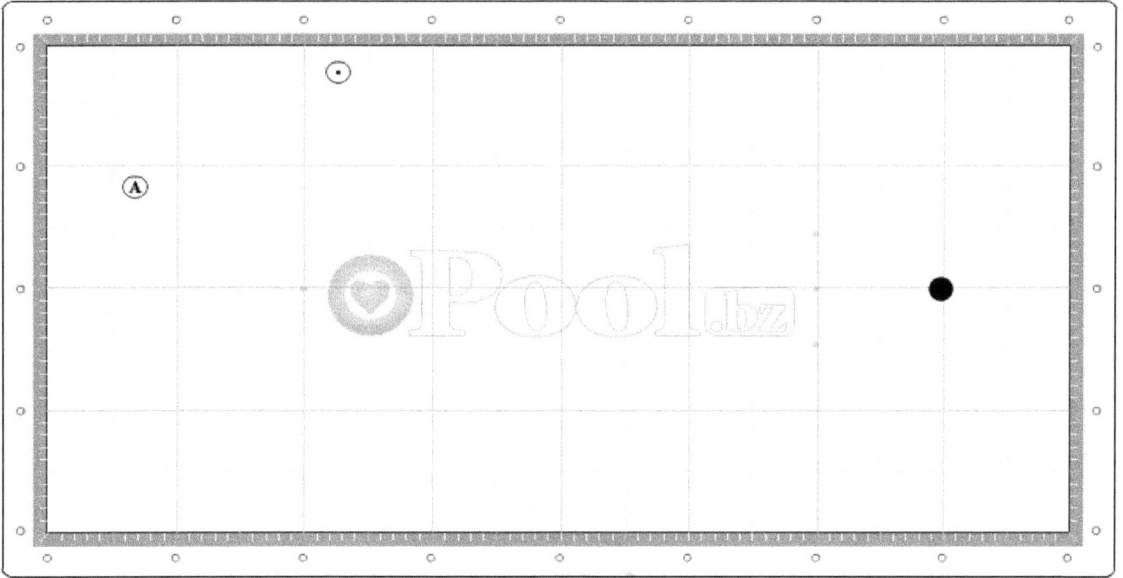

Notas e ideas:

Patrón de disparo

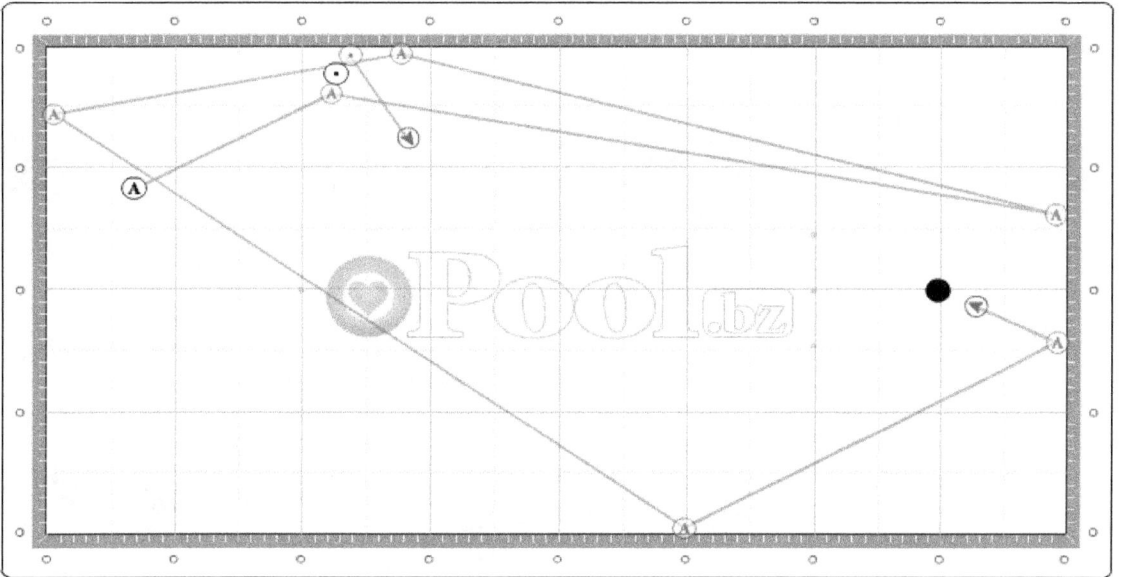

D: Grupo 4

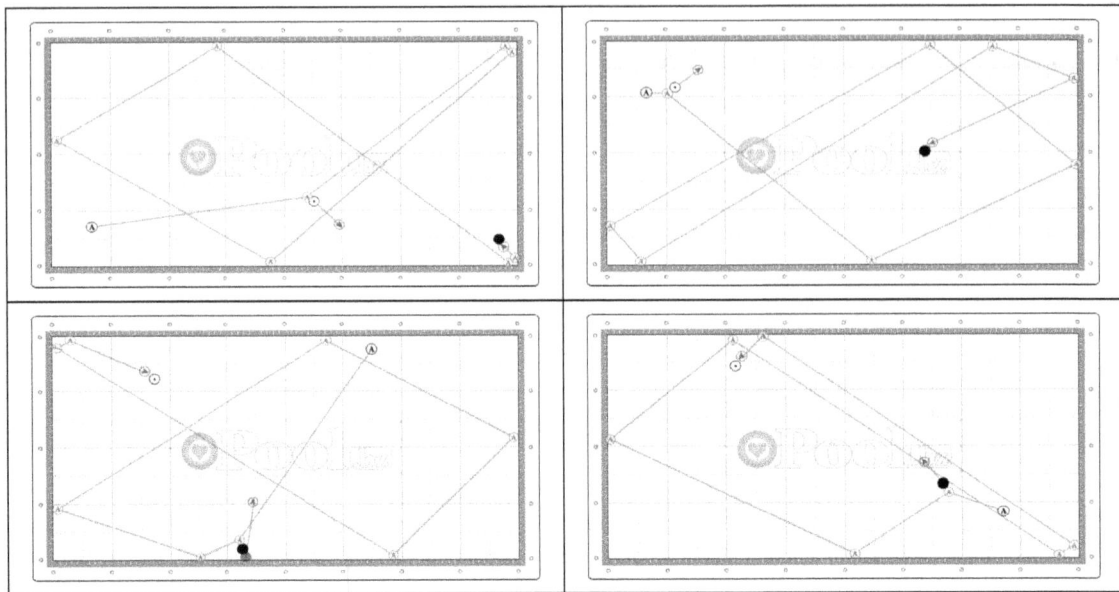

Análisis:

D:4a. _____

D:4b. _____

D:4c. _____

D:4d. _____

D:4a – Preparar

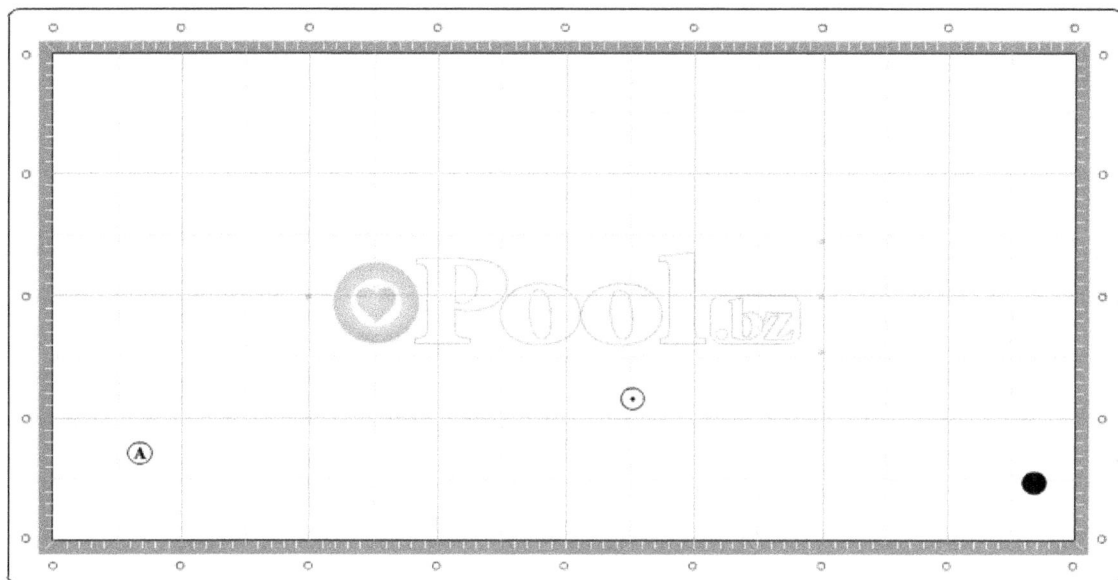

Notas e ideas:

Patrón de disparo

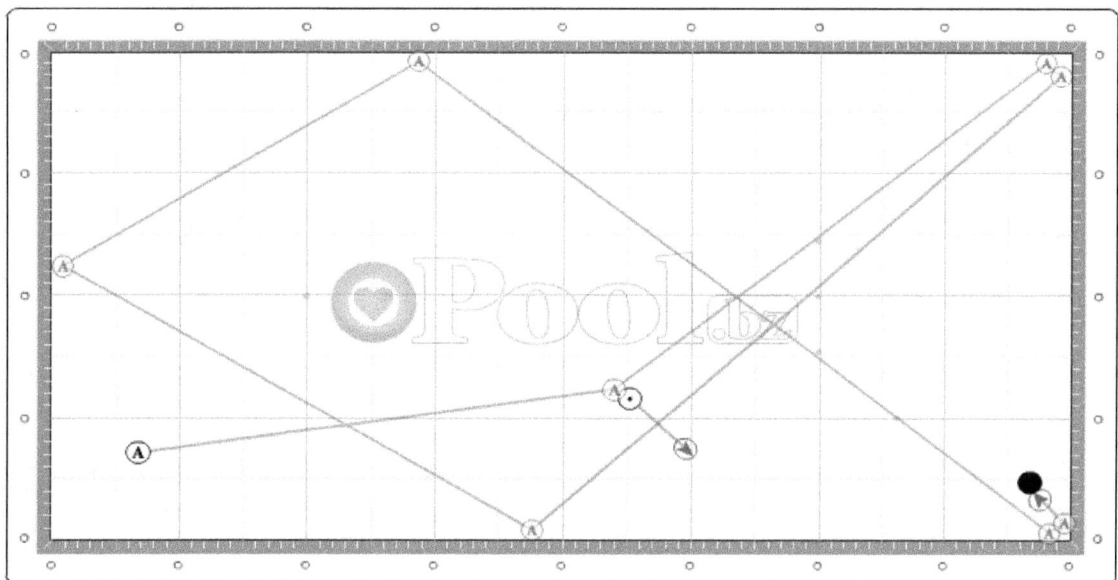

D:4b – Preparar

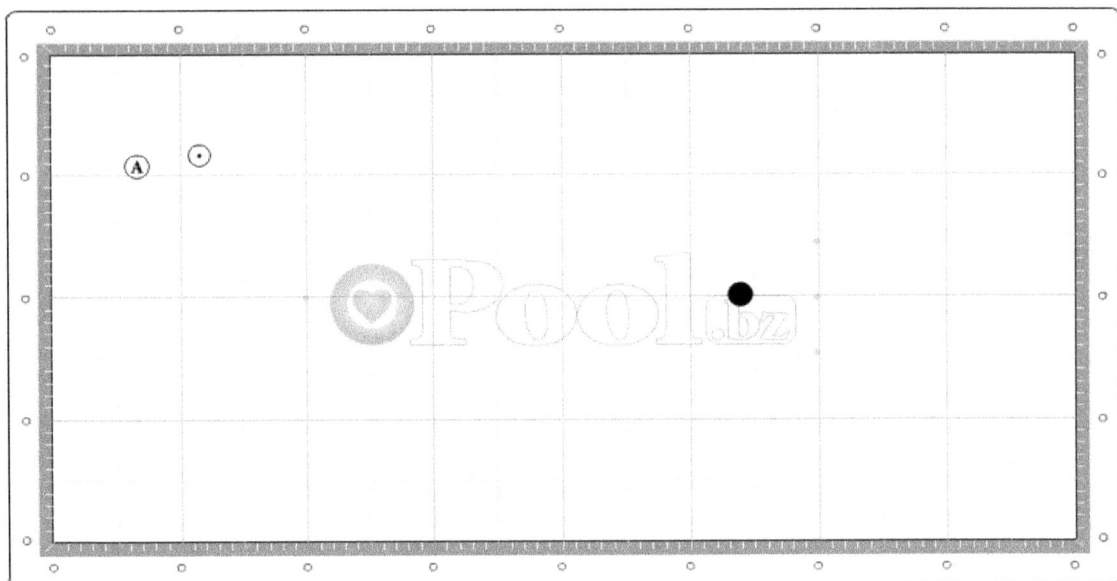

Notas e ideas:

Patrón de disparo

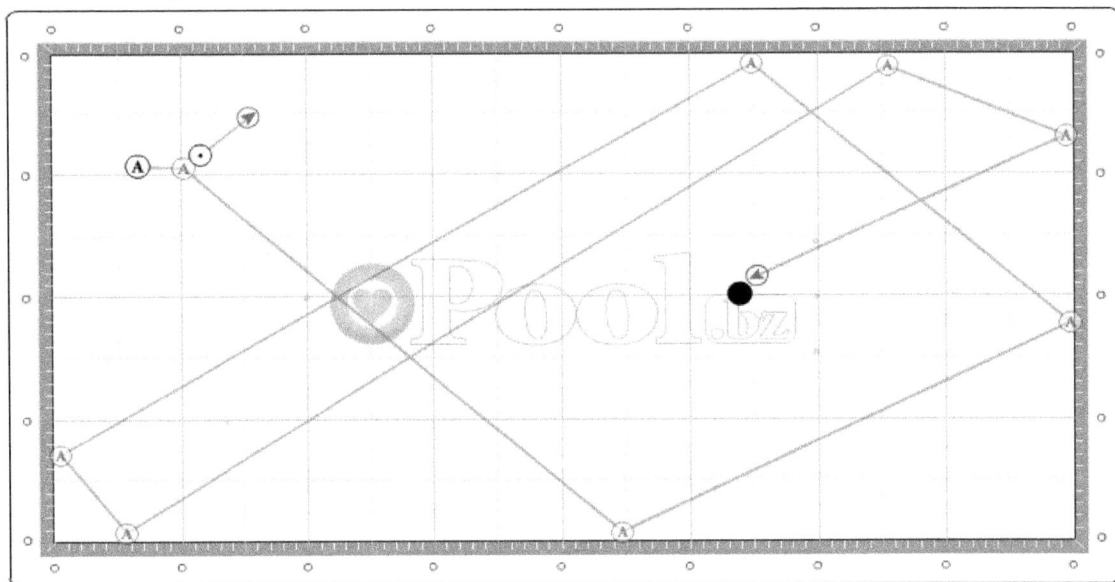

D:4c – Preparar

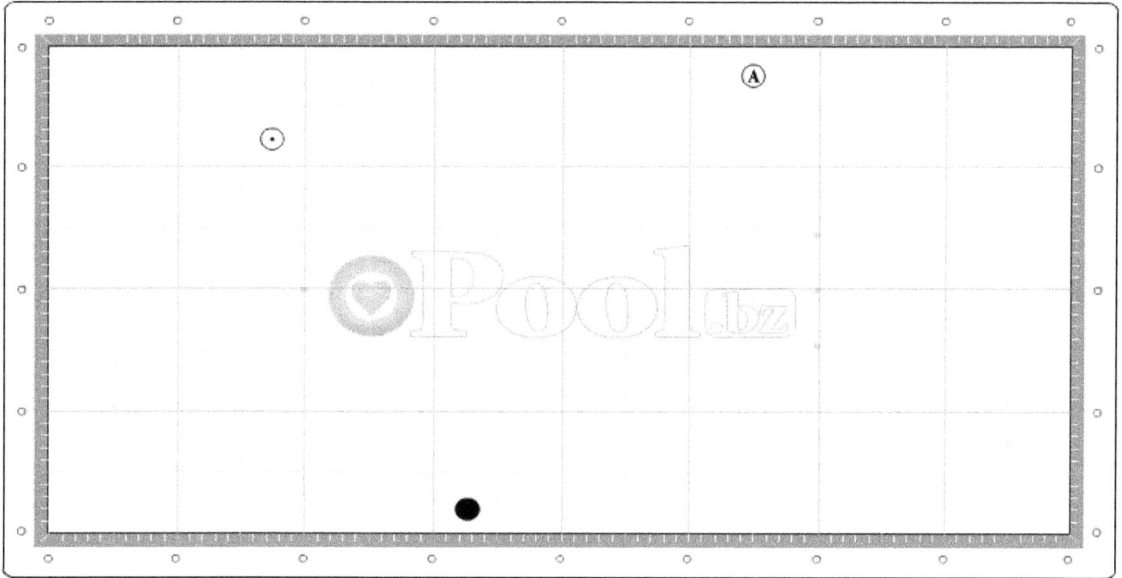

Notas e ideas:

Patrón de disparo

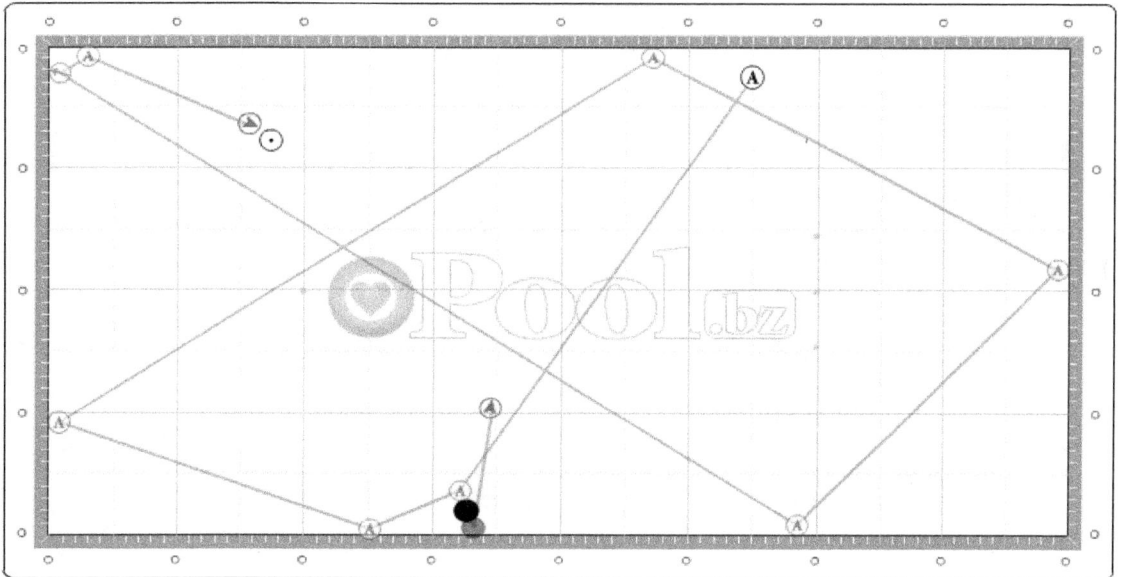

D:4d – Preparar

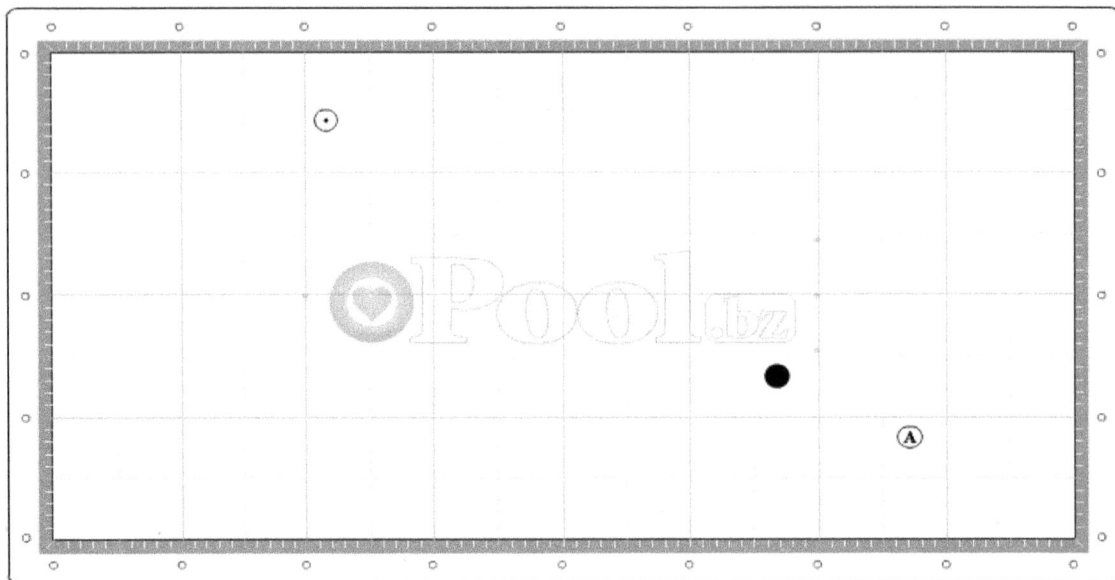

Notas e ideas:

Patrón de disparo

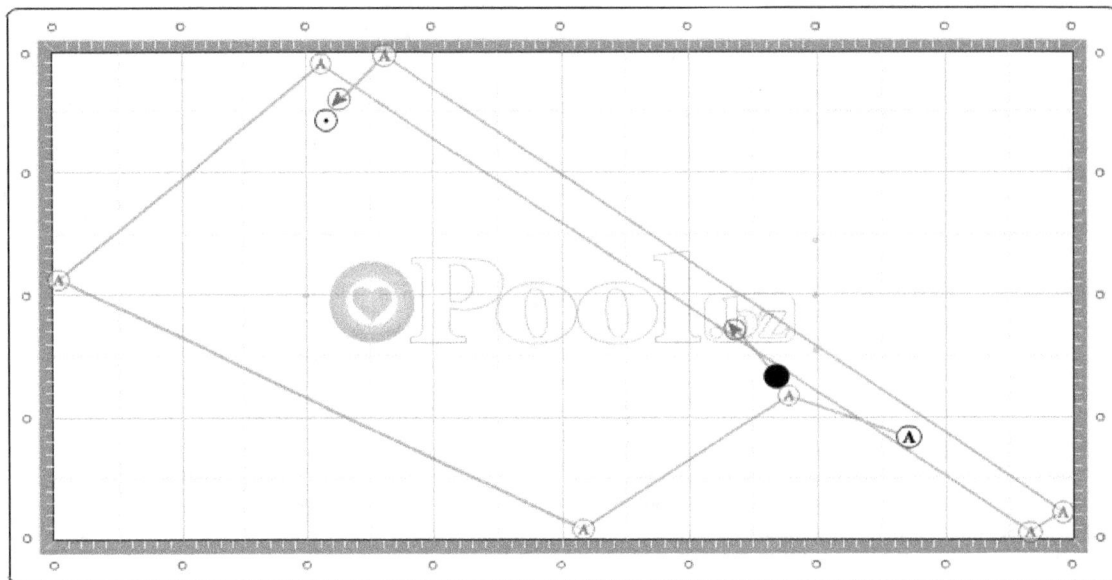

E: Caminos paralelos

El (CB) va de una esquina a otra, y vuelve a la primera esquina. El patrón (CB) está en una línea paralela al patrón que entra.

Ⓐ (CB) (su bola de billar) - ⊙ (OB) (bola de billar oponente) - ⬤ (OB) (bola de billar roja)

E: Grupo 1

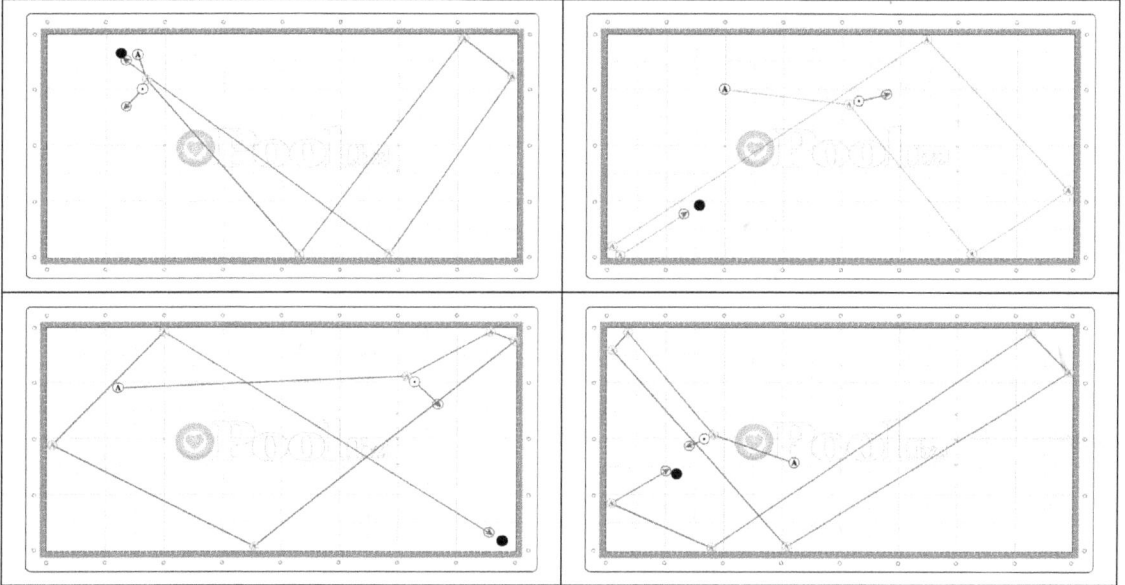

Análisis:

E:1a. _____

E:1b. _____

E:1c. _____

E:1d. _____

E:1a – Preparar

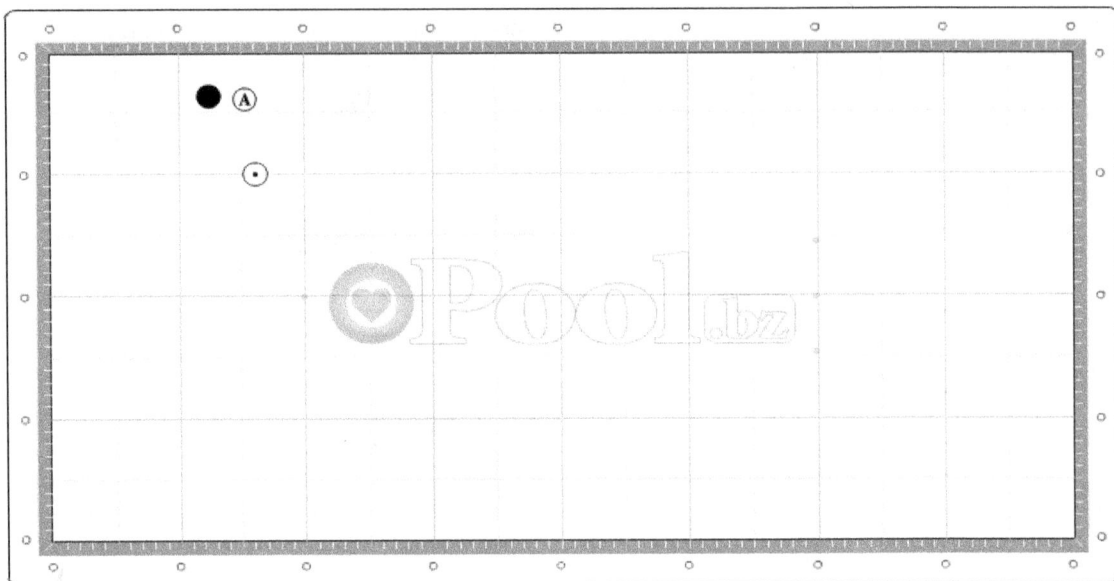

Notas e ideas:

Patrón de disparo

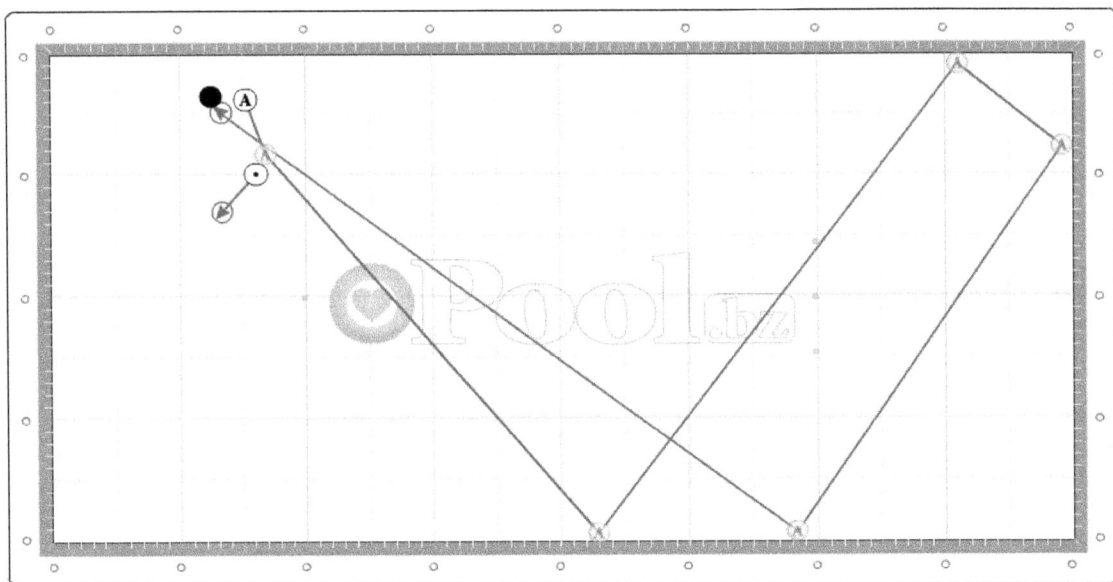

E:1b – Preparar

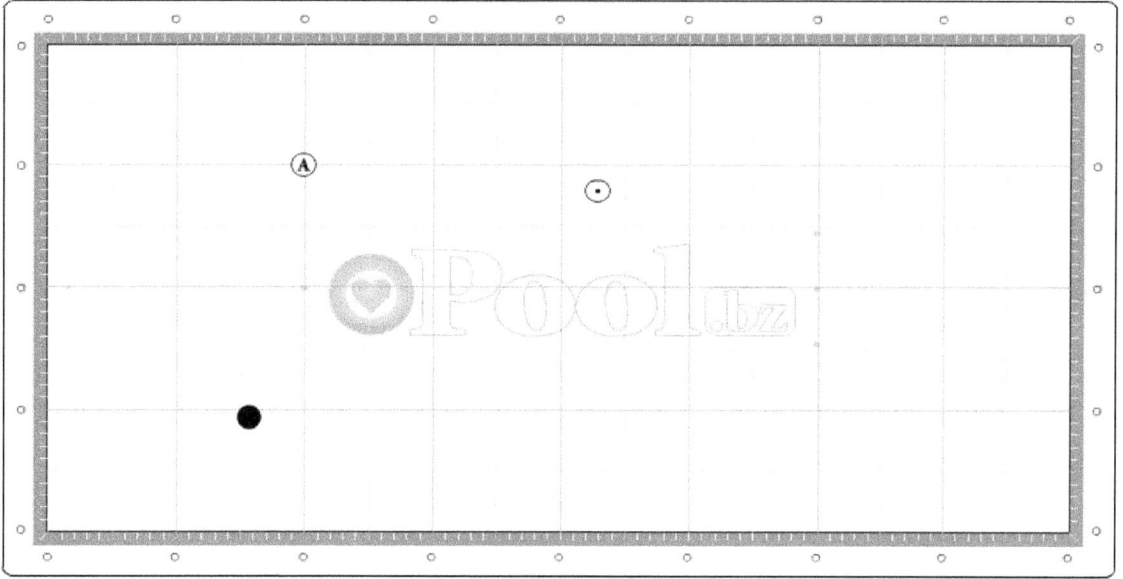

Notas e ideas:

Patrón de disparo

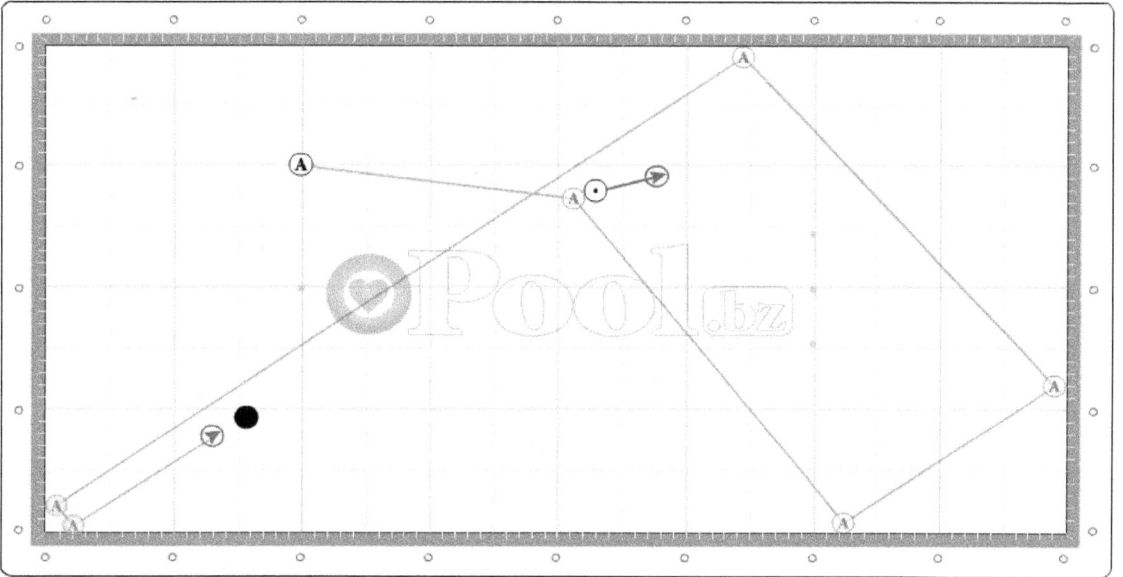

E:1c – Preparar

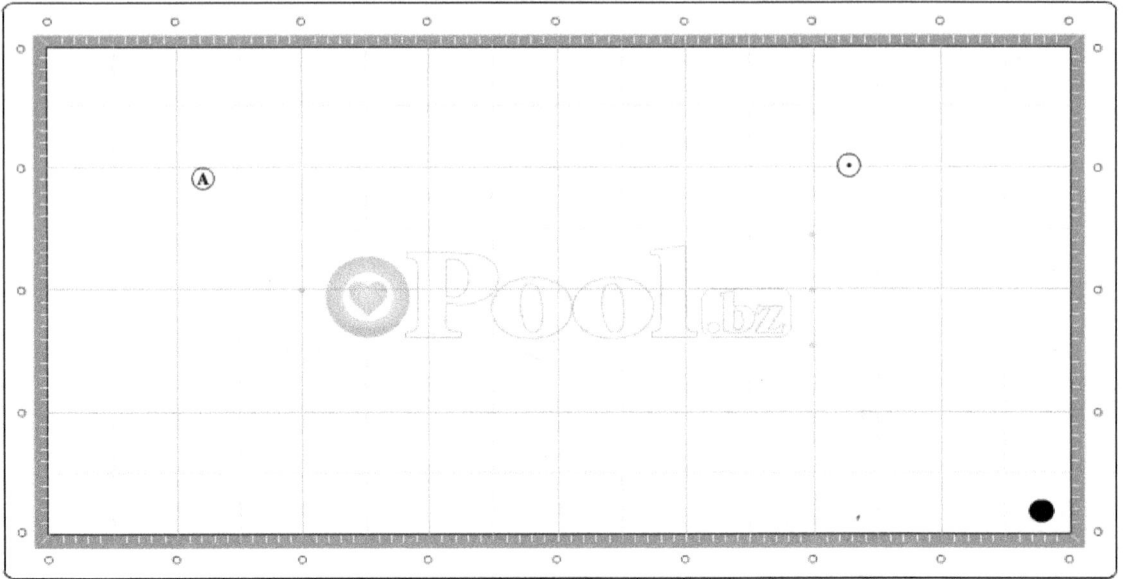

Notas e ideas:

Patrón de disparo

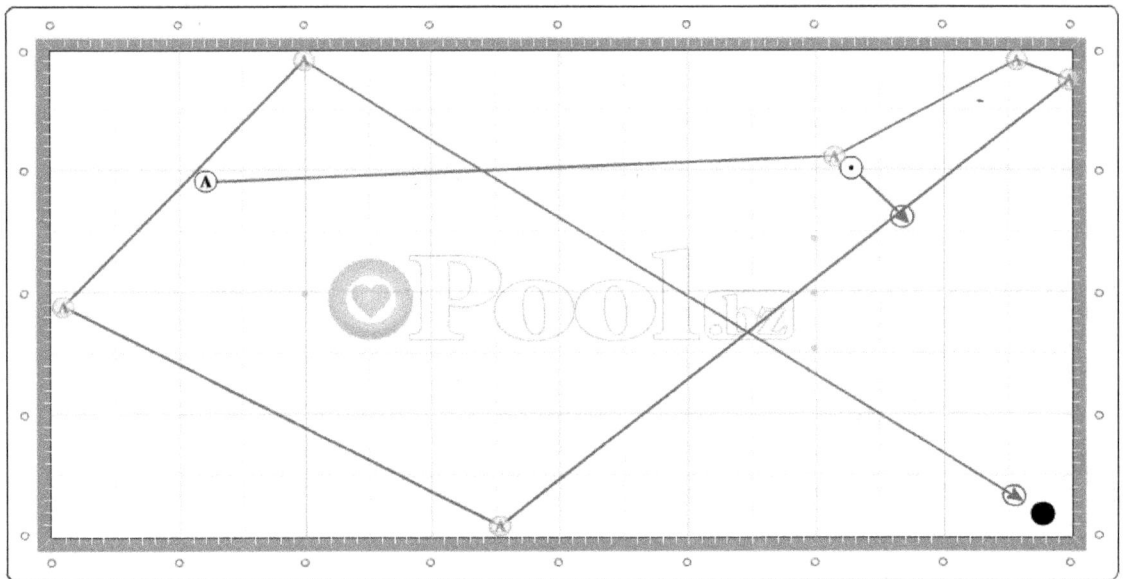

E:1d – Preparar

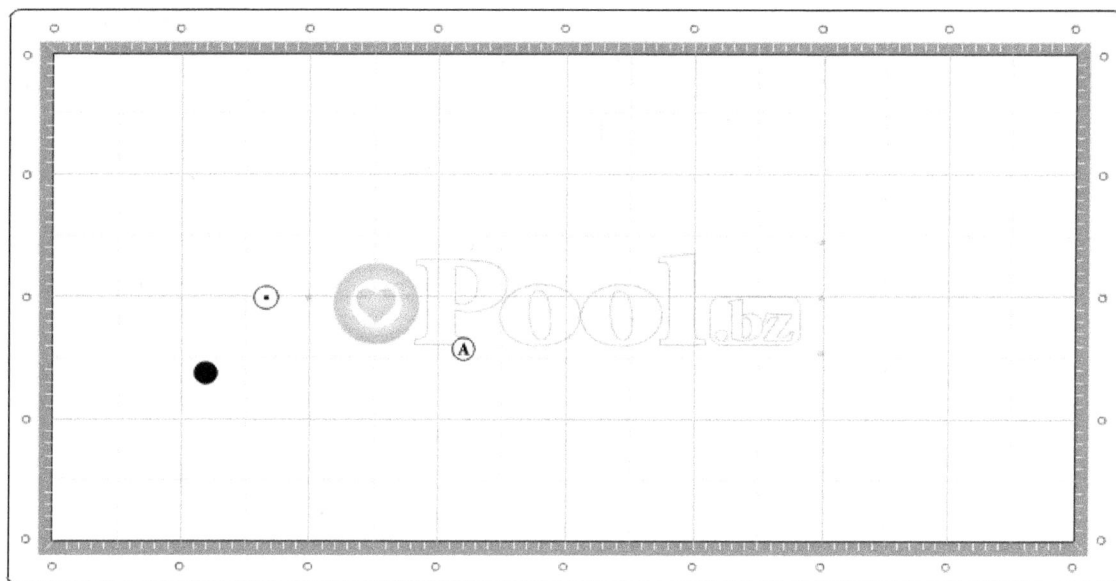

Notas e ideas:

Patrón de disparo

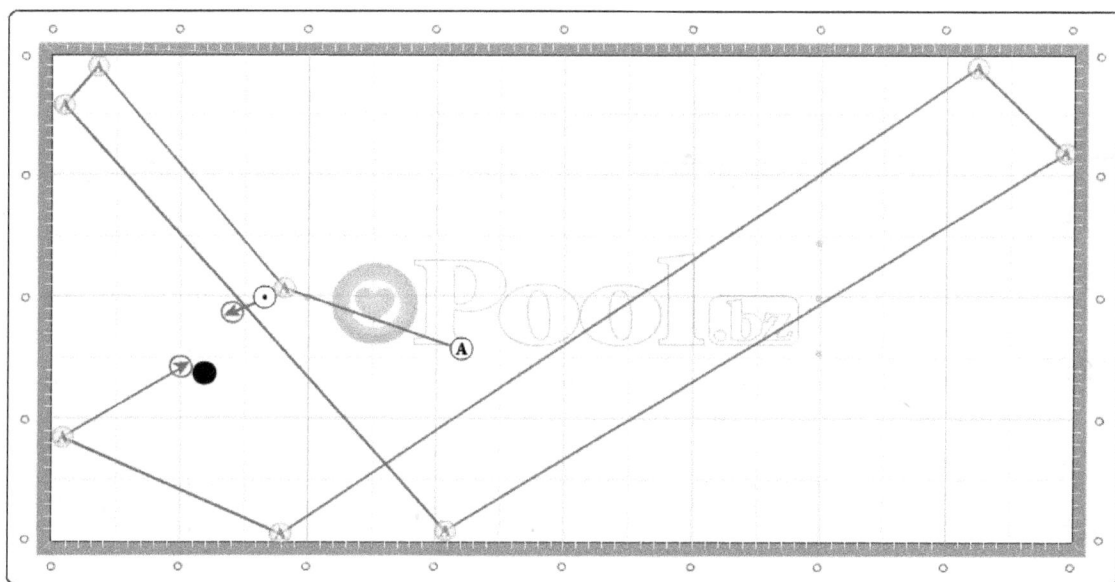

E: Grupo 2

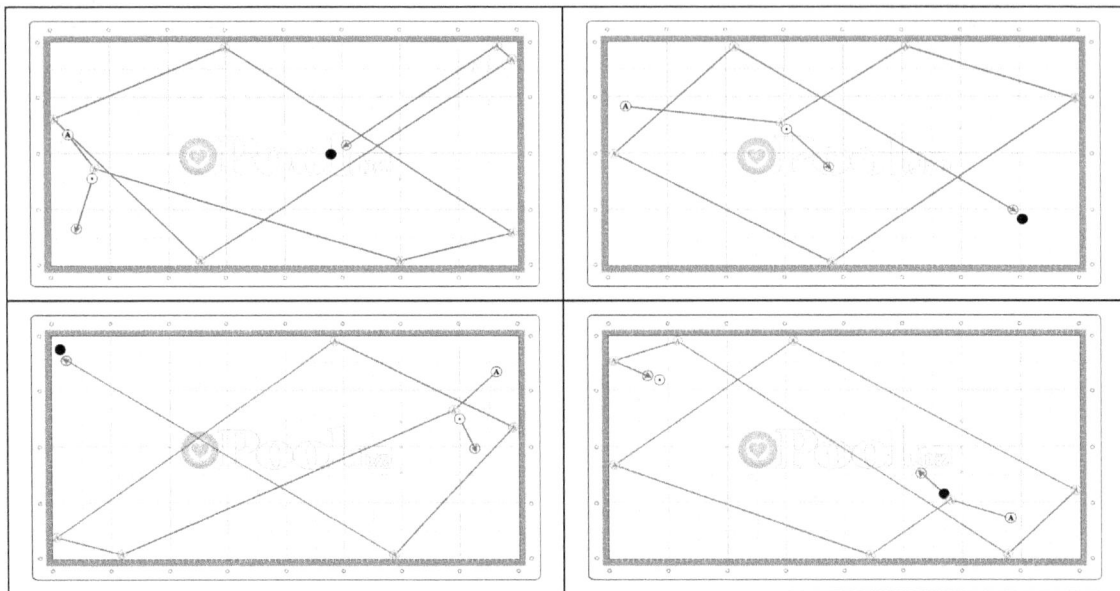

Análisis:

E:2a. _____

E:2b. _____

E:2c. _____

E:2d. _____

E:2a – Preparar

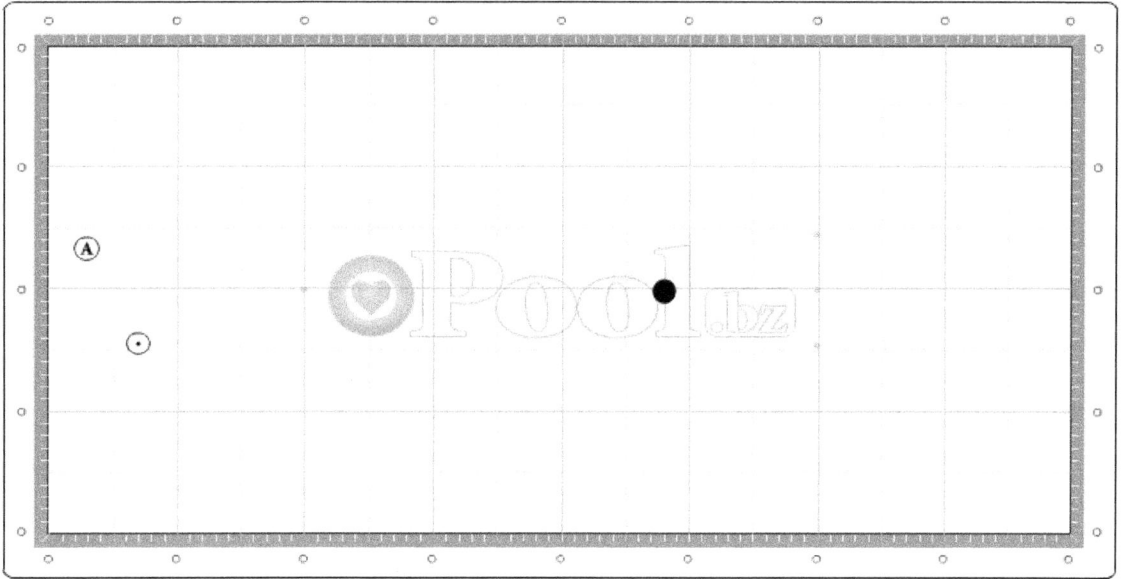

Notas e ideas:

Patrón de disparo

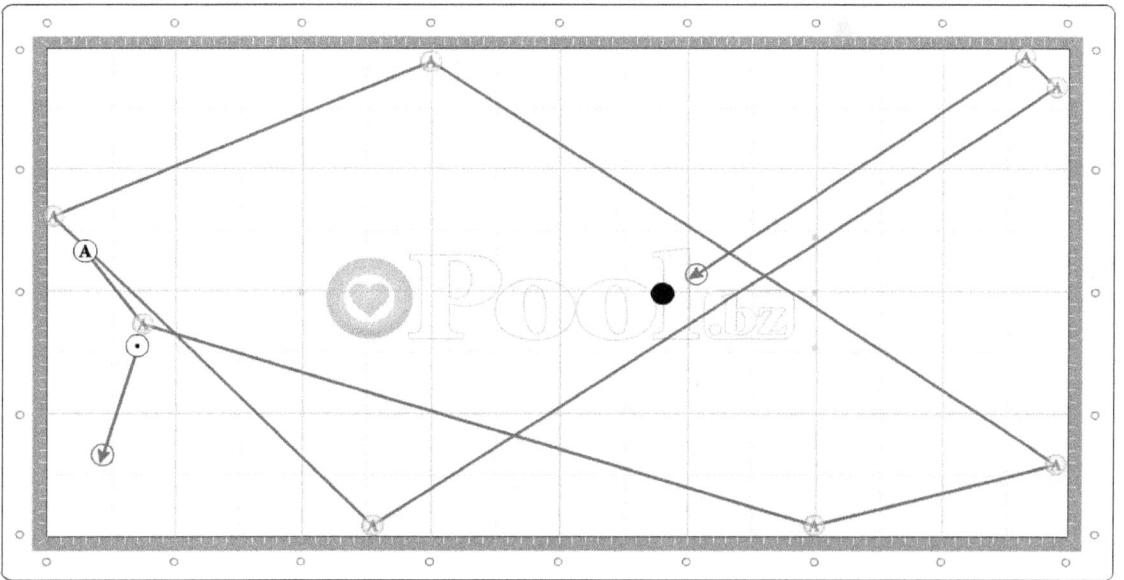

E:2b – Preparar

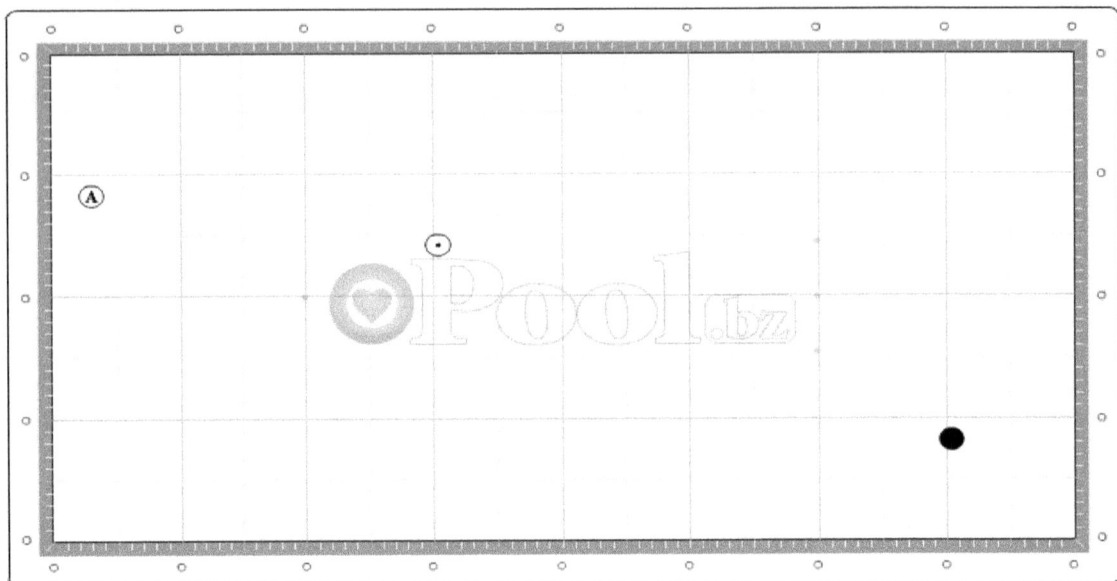

Notas e ideas:

Patrón de disparo

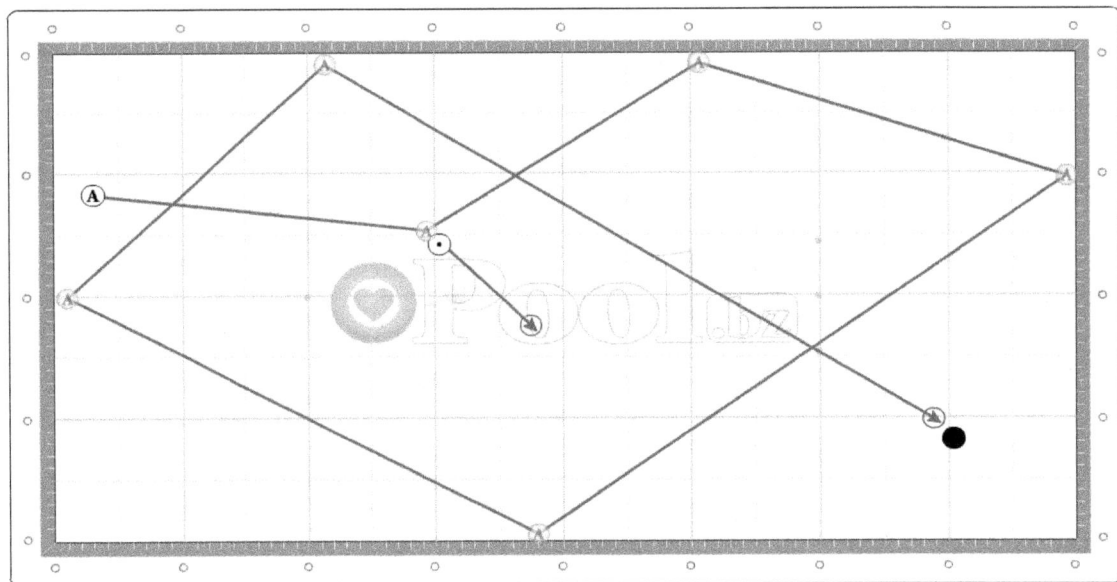

E:2c – Preparar

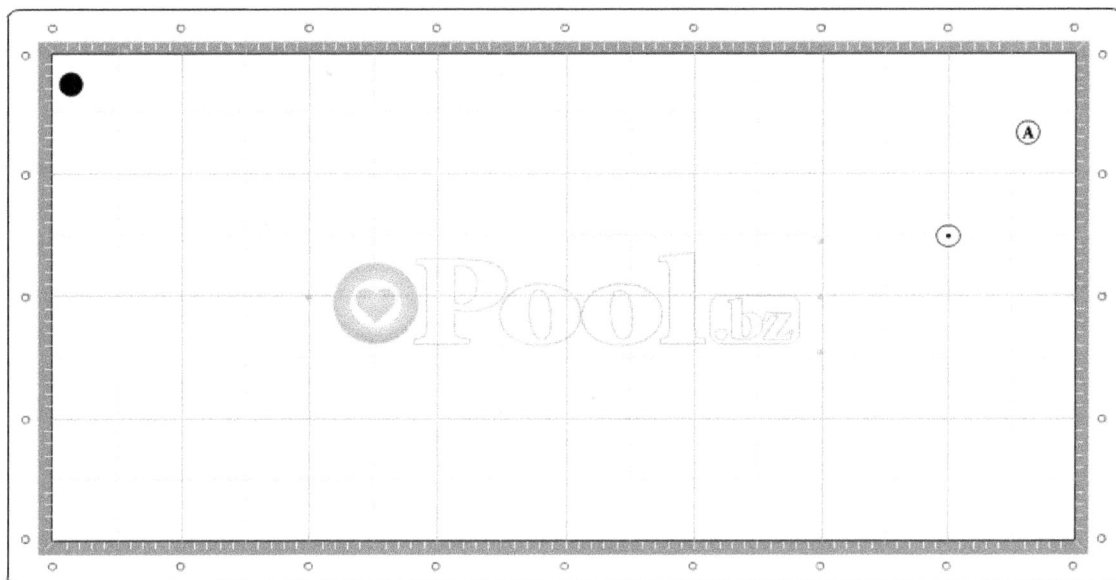

Notas e ideas:

Patrón de disparo

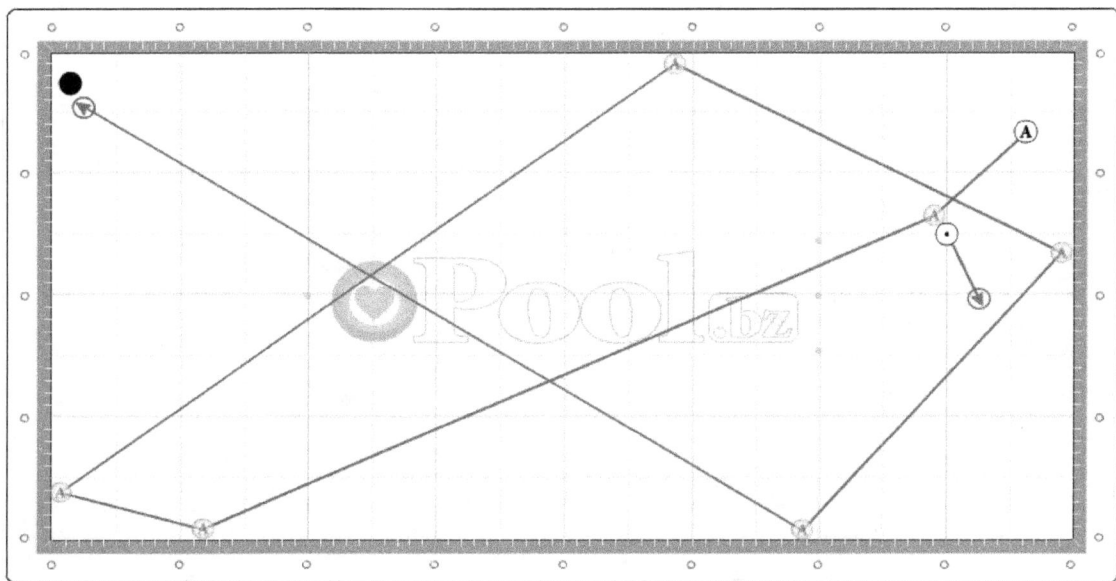

E:2d – Preparar

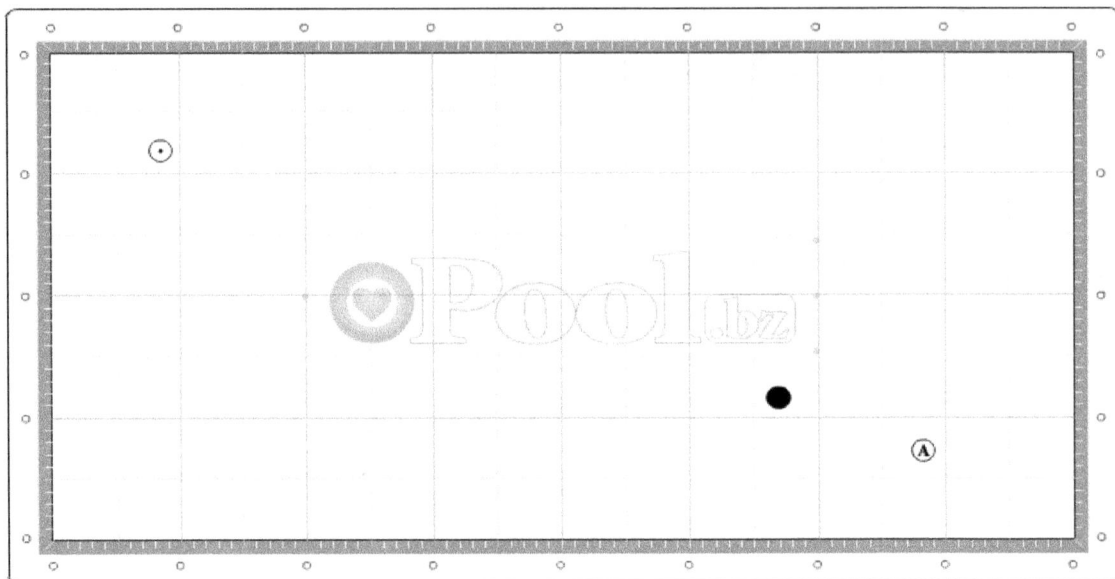

Notas e ideas:

Patrón de disparo

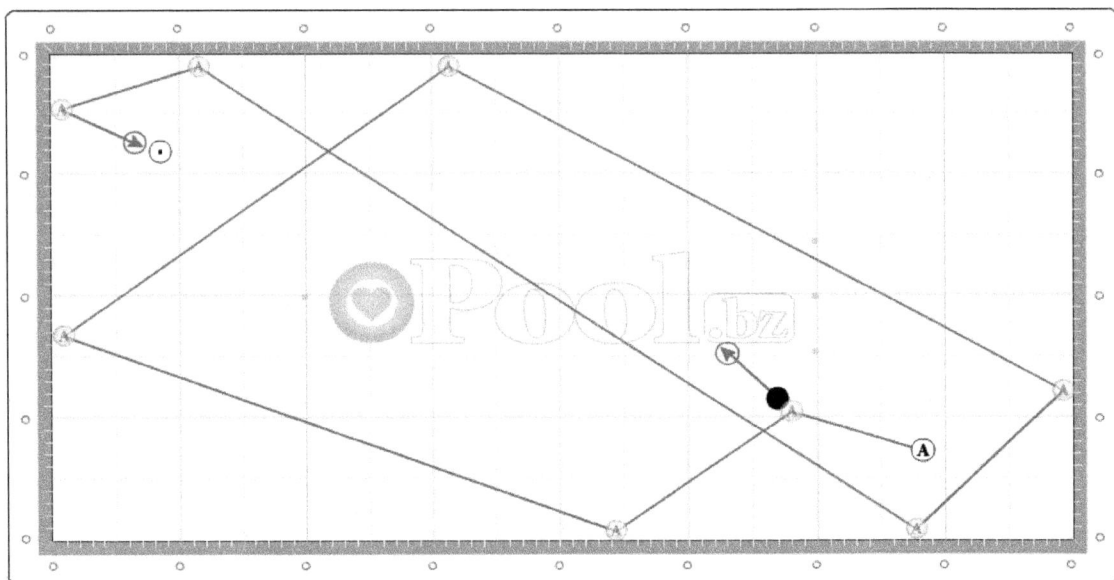

F: Divertido e interesante

Estas situaciones muestran la fuerte imaginación del jugador profesional. Pero, a veces, la puntuación es simplemente una cuestión de suerte, cuando se enfrenta a una configuración inusual.

Ⓐ (CB) (su bola de billar) - ☺ (OB) (bola de billar oponente) - ⚫ (OB) (bola de billar roja)

F: Grupo 1

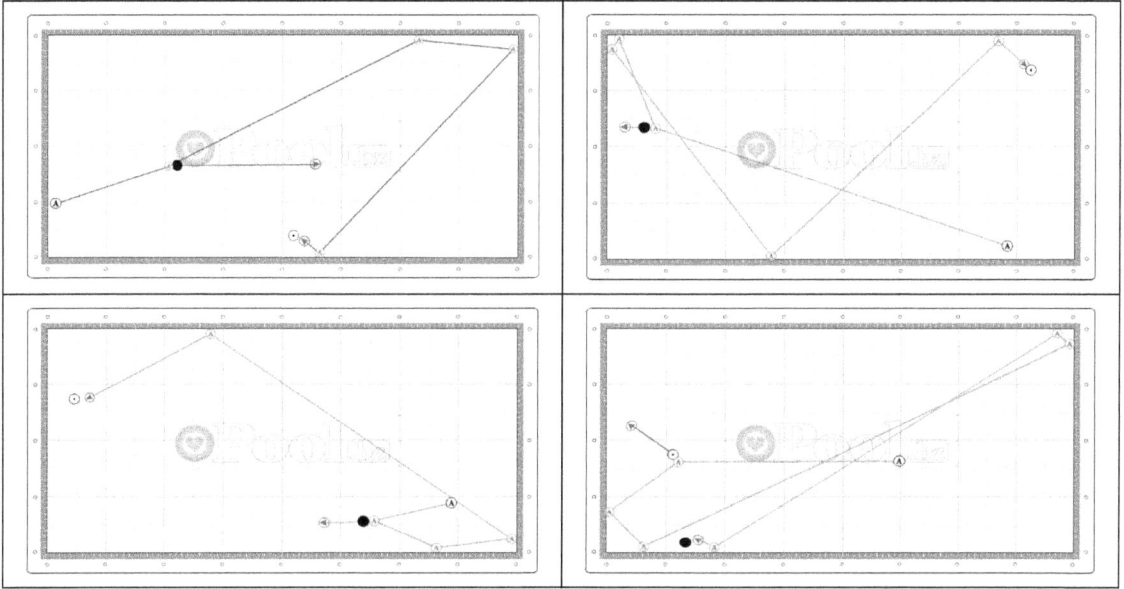

Análisis:

F:1a. _____

F:1b. _____

F:1c. _____

F:1d. _____

F:1a – Preparar

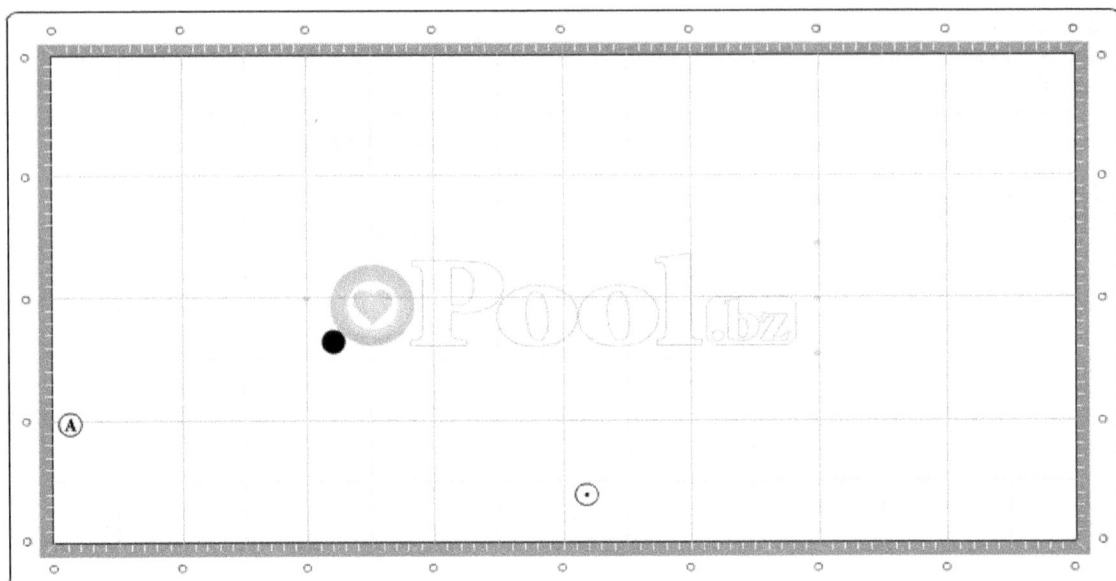

Notas e ideas:

Patrón de disparo

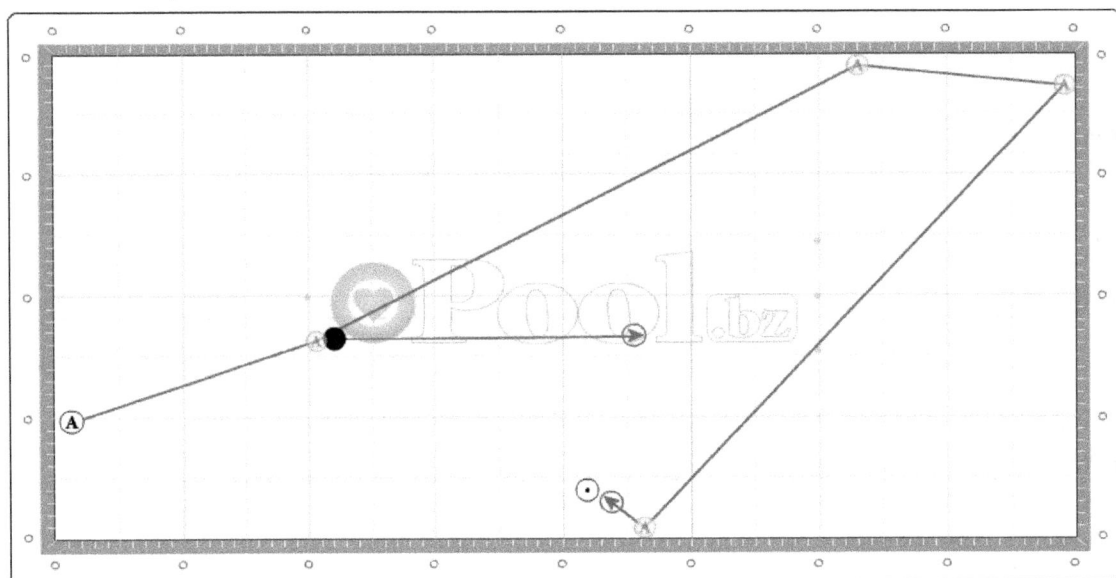

F:1b – Preparar

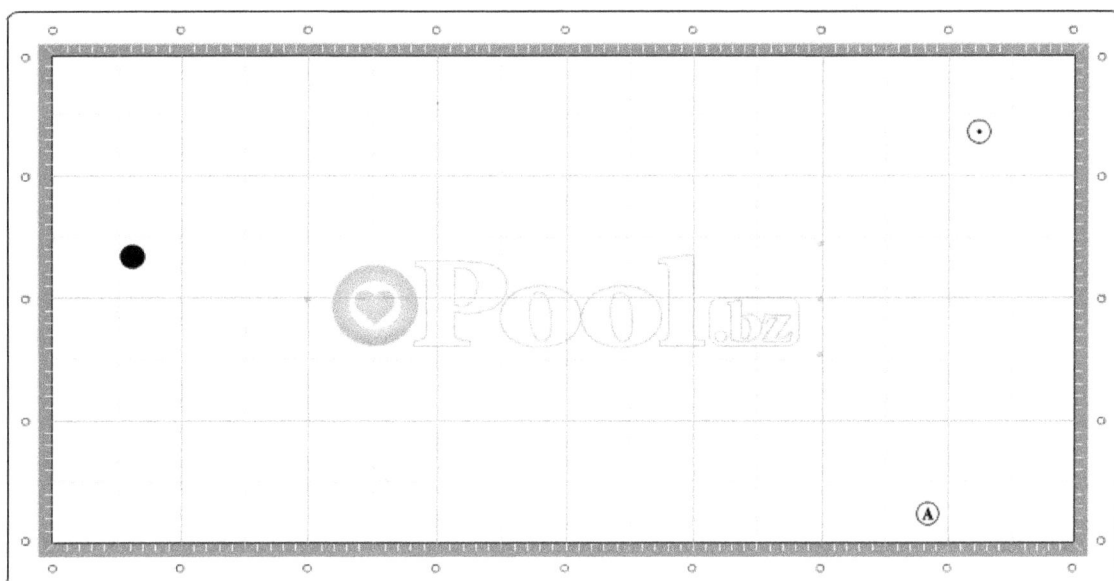

Notas e ideas:

Patrón de disparo

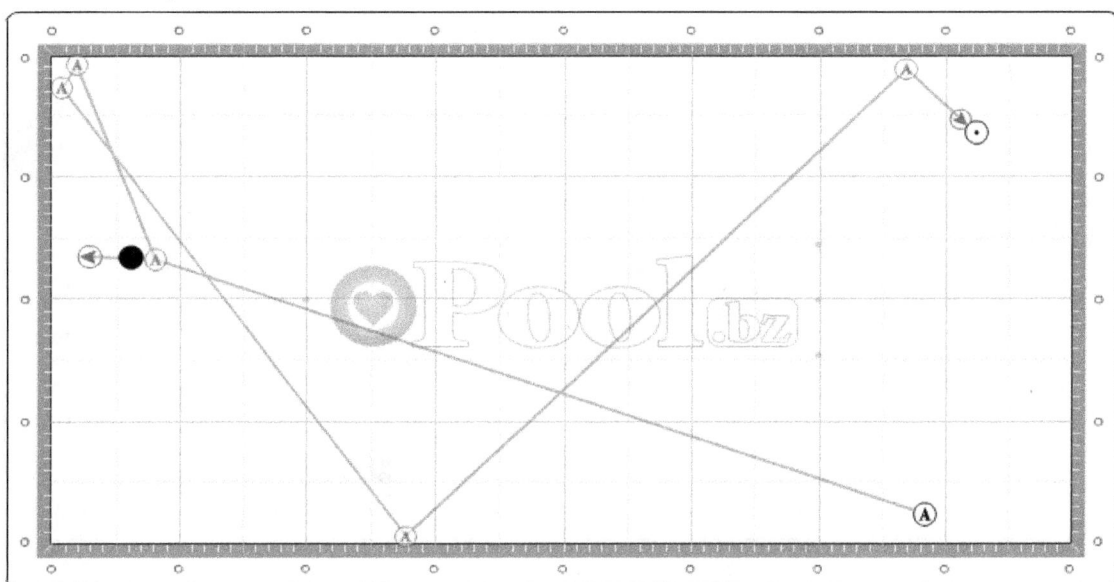

F:1c – Preparar

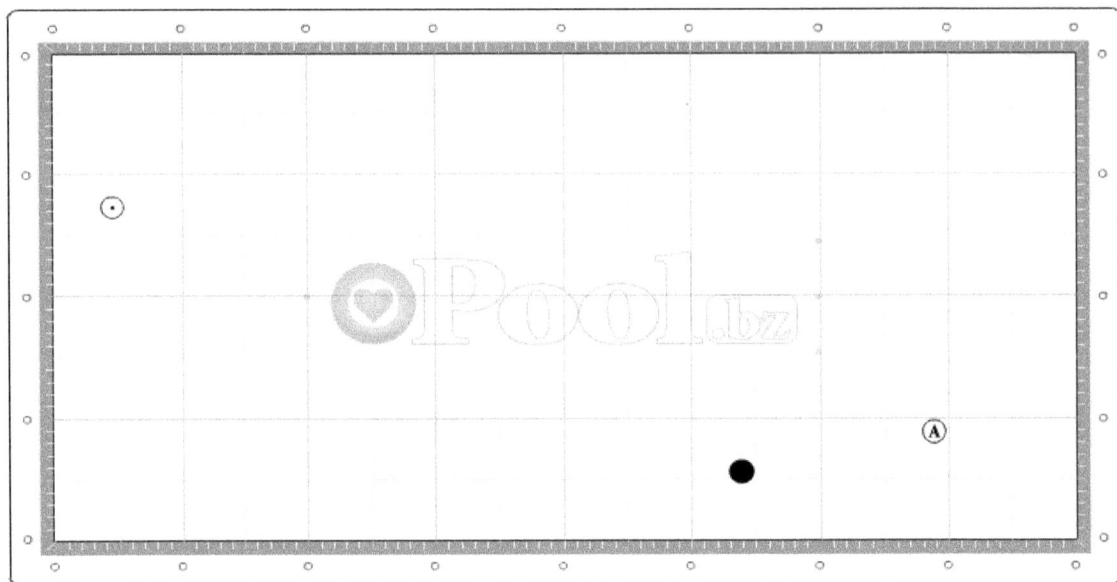

Notas e ideas:

Patrón de disparo

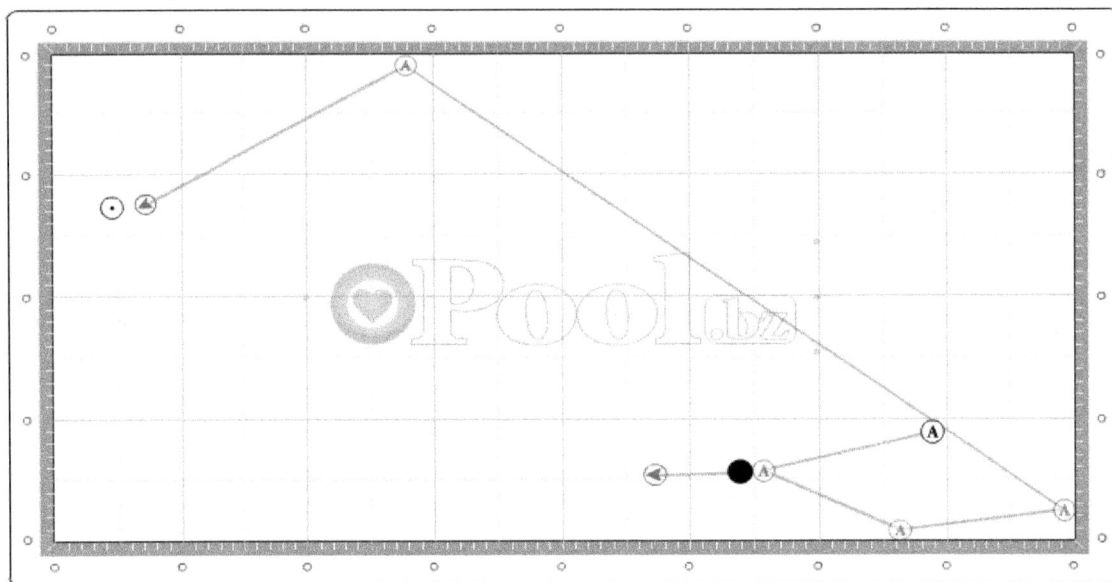

F:1d – Preparar

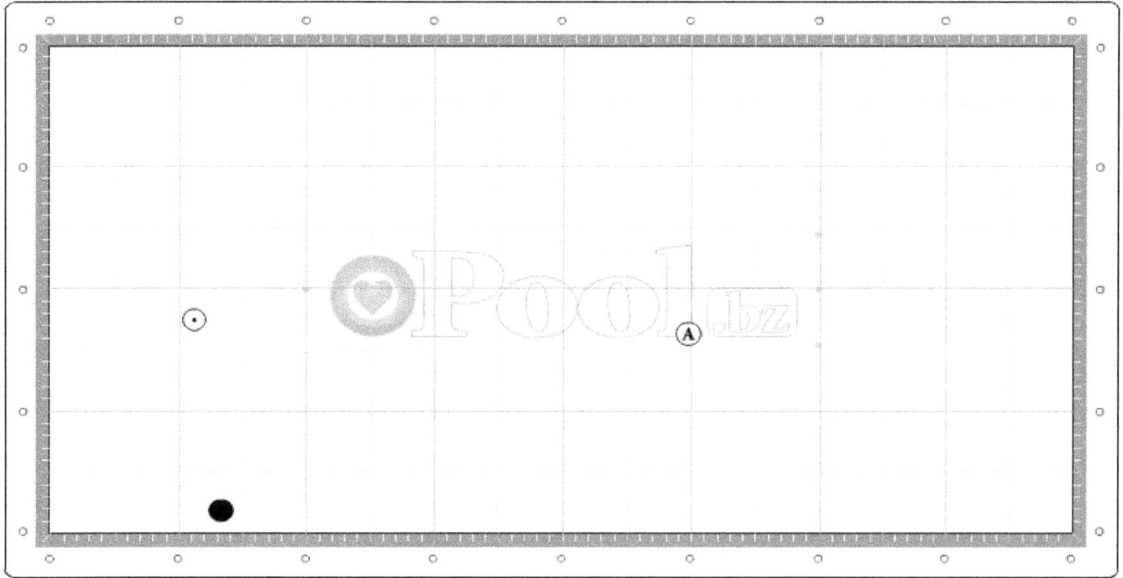

Notas e ideas:

Patrón de disparo

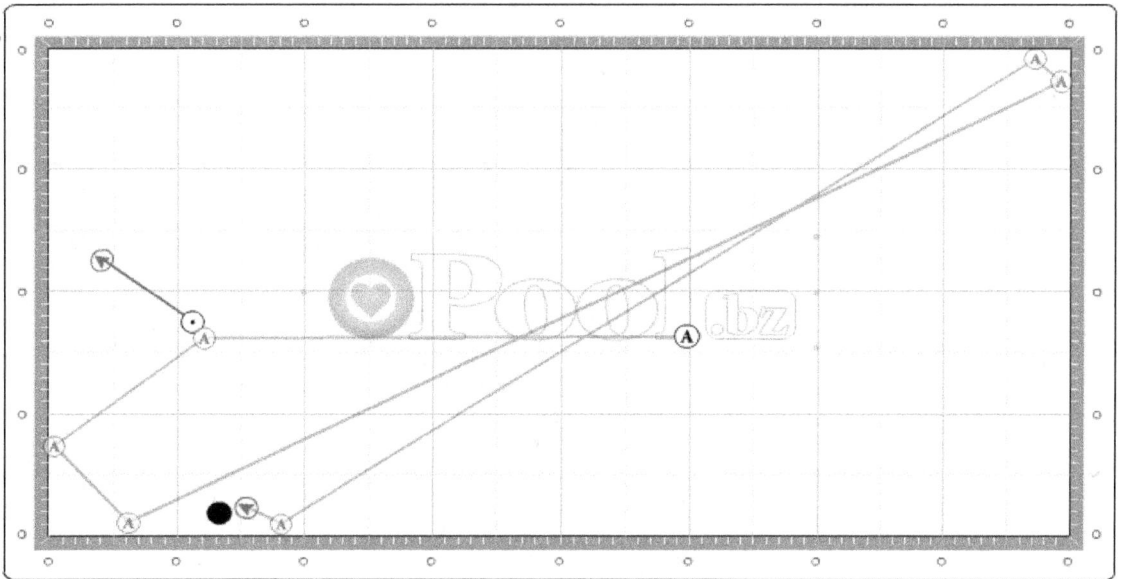

F: Grupo 2

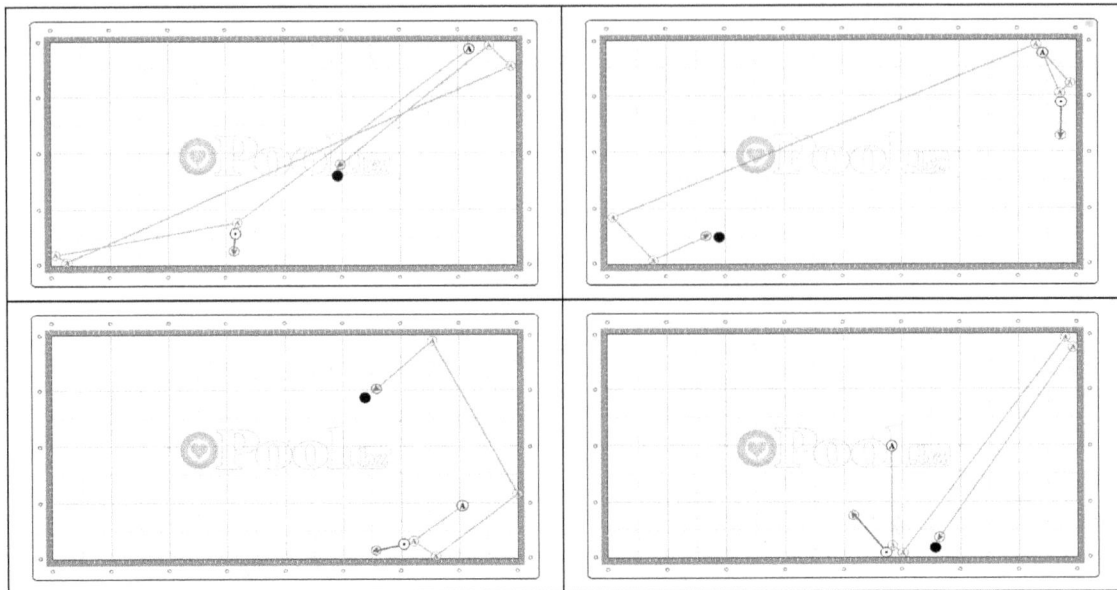

Análisis:

F:2a. _____

F:2b. _____

F:2c. _____

F:2d. _____

F:2a – Preparar

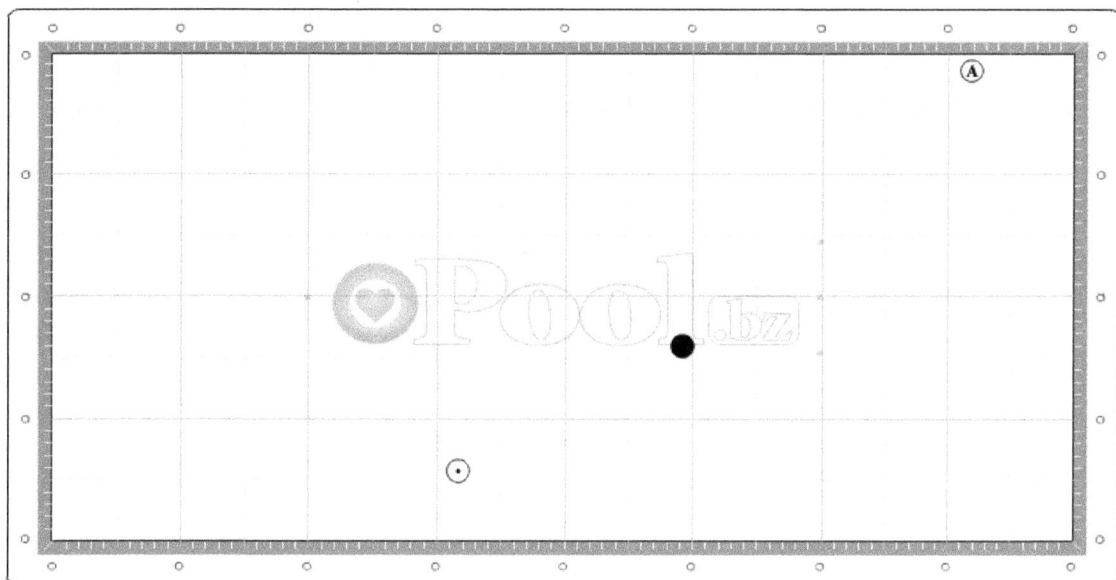

Notas e ideas:

Patrón de disparo

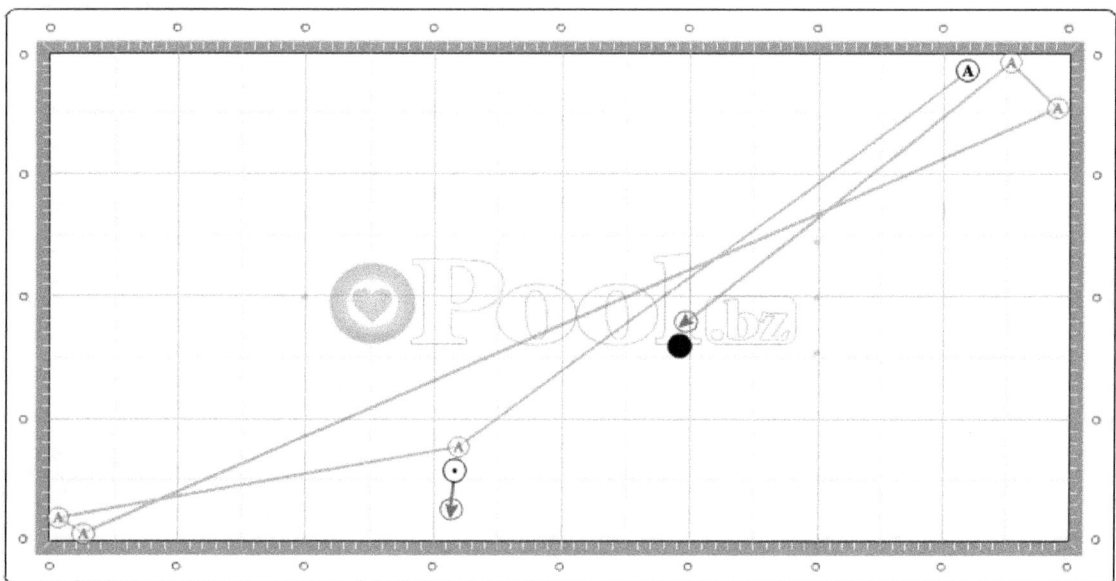

F:2b – Preparar

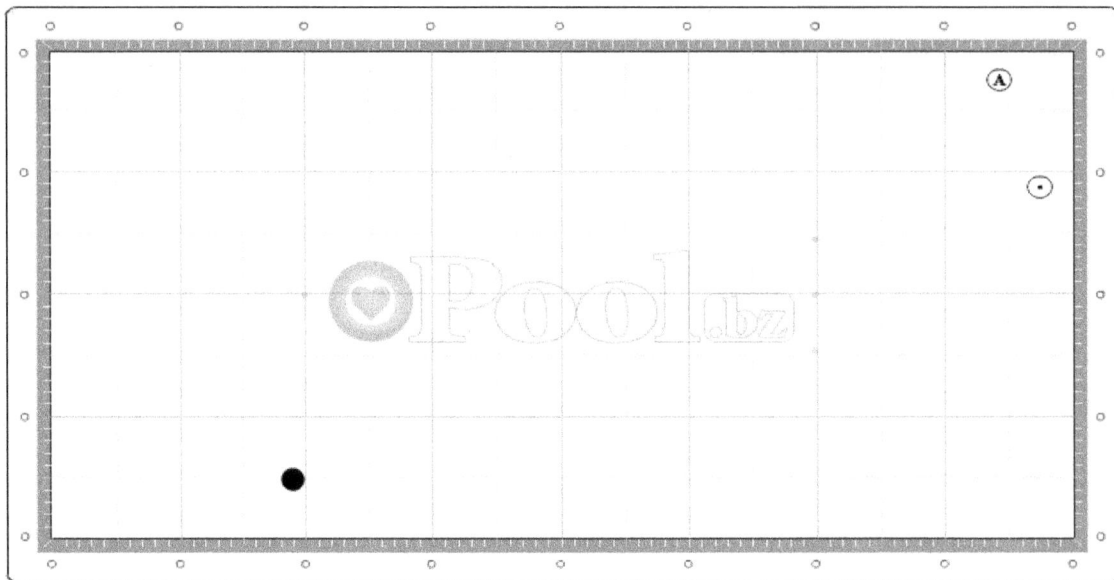

Notas e ideas:

Patrón de disparo

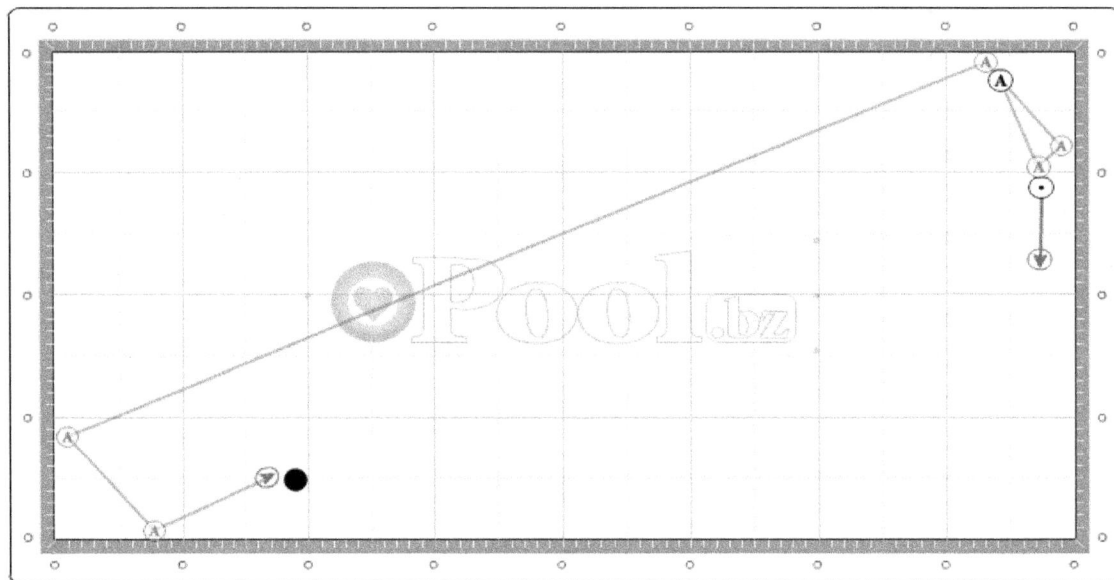

F:2c – Preparar

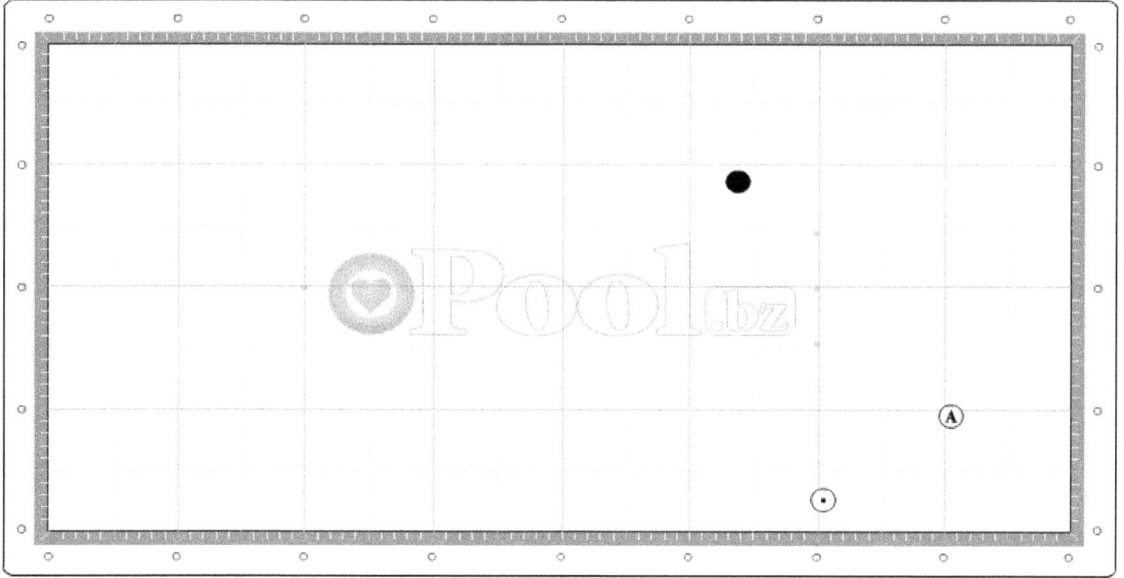

Notas e ideas:

Patrón de disparo

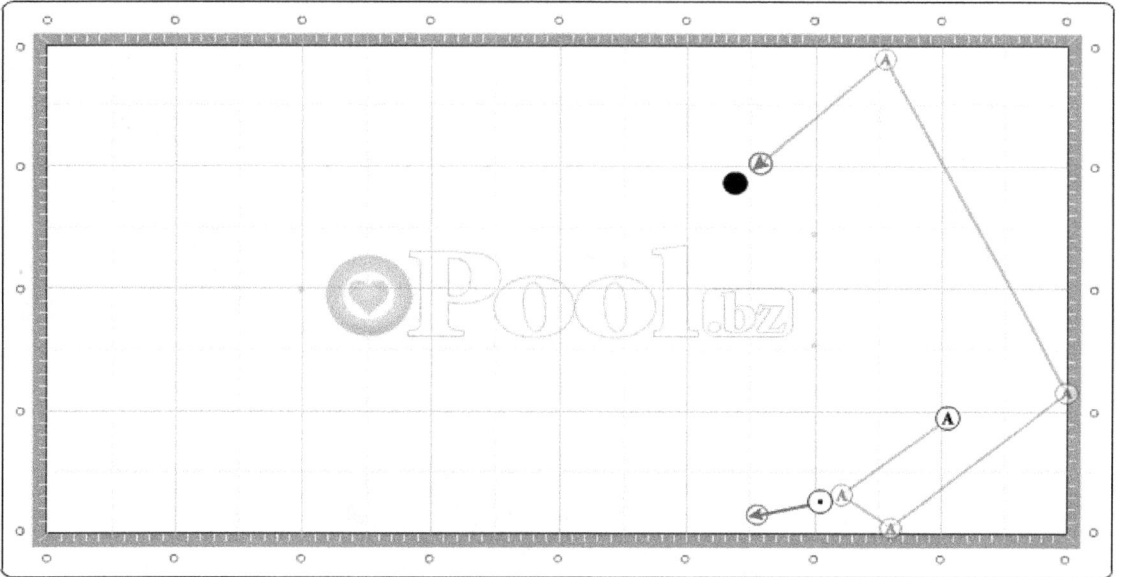

F:2d – Preparar

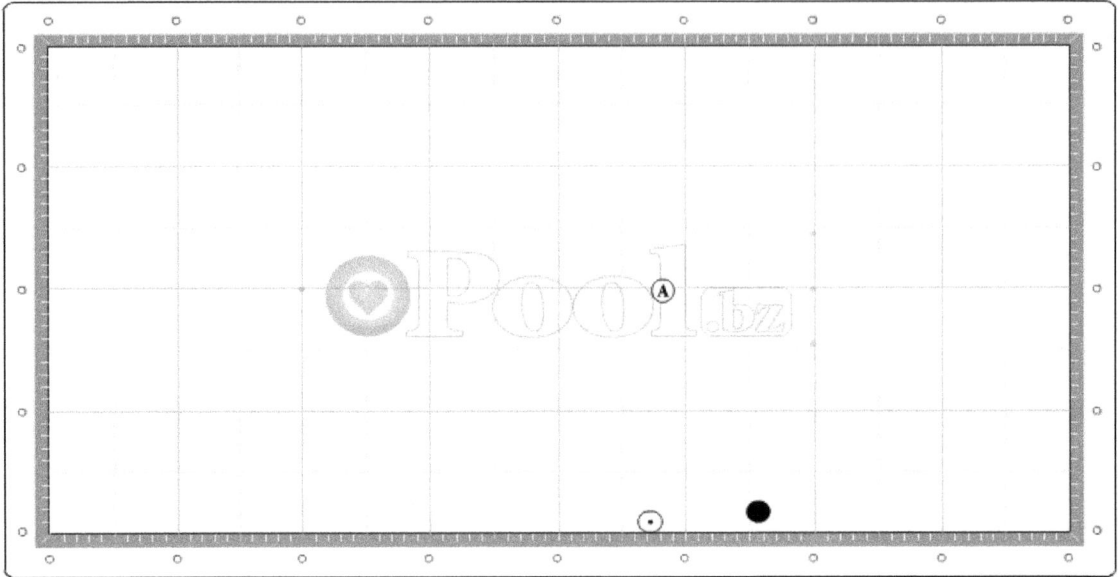

Notas e ideas:

Patrón de disparo

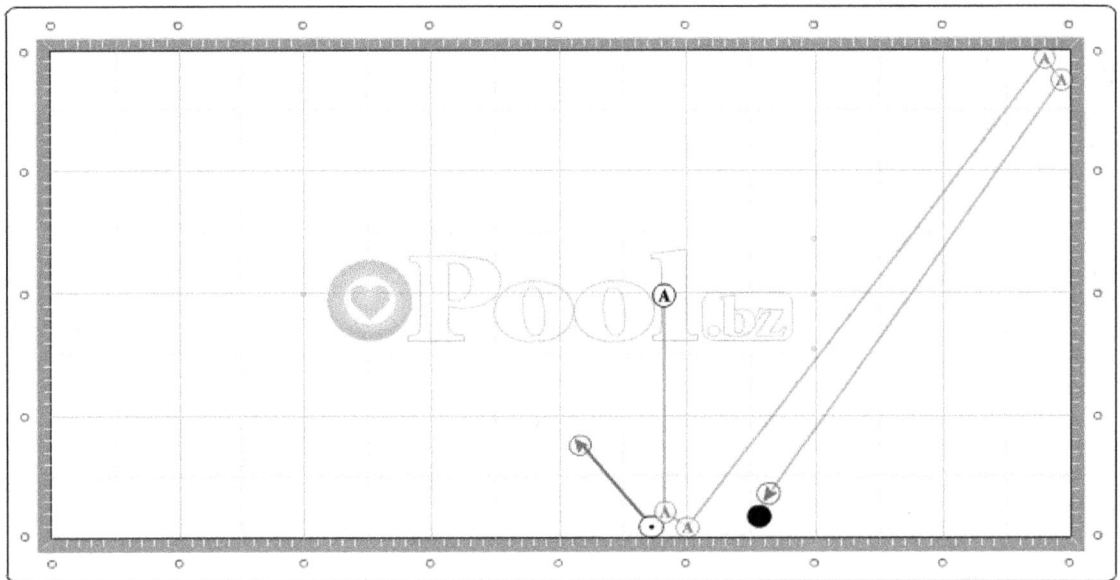

www.ingramcontent.com/pod-product-compliance
Lightning Source LLC
Chambersburg PA
CBHW062050090426
42740CB00016B/3088